Alda Merini
Fiore di poesia

1951-1997

A cura di Maria Corti

Einaudi

© 1998 e 2014 Giulio Einaudi editore s.p.a., Torino

Si ringraziano le case editrici che hanno concesso l'autorizzazione
a pubblicare i testi antologizzati, in particolare gli editori
Scheiwiller, Schwarz, La vita felice, Girandi,
Edizioni Pulcinoelefante, Laboratorio arti visive,
per la gentile collaborazione.

www.einaudi.it

ISBN 978-88-06-21944-4

Introduzione

I.

Questo volume intende offrire al lettore una visione letteraria del cammino poetico di Alda Merini che vada al di là dei singoli libretti che annualmente fioriscono sulla terra editoriale italiana, creando spesso miti dell'immaginario e confondendo il lettore avveduto, consapevole che la scrittura, la poesia, è un dato il quale prepotentemente mette nell'ombra ogni cronaca coi suoi eventi. In questa introduzione si aspira a che la biografia della poetessa sia in definitiva solo la vicenda terrena in funzione delle successive creazioni poetiche cosí da illuminare la storia di una donna a cui è toccato il destino della poesia, mai da lei tradito.

Alda Merini è nata a Milano «insieme alla primavera», come lei stessa scrisse, il 21 marzo 1931 in una famiglia tranquilla dove il padre lavorava alle Assicurazioni generali, la madre casalinga, un fratello minore e una sorella maggiore che compaiono qua e là nella speciale lucidità del suo teatro della mente. Come già scrissi nella Introduzione al volume einaudiano di Alda Merini, *Vuoto d'amore*, è per noi illuminante il processo mentale seguito da questa originale poetessa: dapprincipio lei vive all'interno di una realtà tragica in modo allucinato e sembra vinta; poi la stessa realtà irrompe nell'universo memoriale e da lí è proiettata nell'immaginario e diviene una visione poetica dove ormai è lei a vincere, a dominare, non piú la realtà. Questo processo creativo è vivo a partire già dai primi scritti di Alda Merini, poco noti ai lettori d'oggi perché editi nei primi anni Cinquanta e spesso ormai introvabili.

Proprio per questa confusa situazione editoriale si darà molto spazio nell'antologia ai primi scritti poetici dell'autrice, che spesso raggiungono un'originalità inventiva superiore agli ultimi di questa fine millennio.

Alda frequentò da ragazza le scuole professionali all'Istituto Laura Solera Mantegazza e insieme si diede allo studio del pianoforte, strumento piú volte miticizzato nella sua poesia. Le prime liriche risalgono ai suoi quindici anni e il primo incontro con la letteratura fu propiziato da Silvana Rovelli, cugina di Ada Negri, che passò alcune poesie ad Angelo Romanò, il quale a sua volta le passò a Giacinto Spagnoletti, considerato a buon diritto il primo scopritore dell'artista. Egli pubblicò nell'antologia *Poesia italiana contemporanea 1909-1949* (Guanda 1950) i due testi *Il gobbo* e *Luce* che passarono con altre due poesie a *Poetesse del Novecento*, stampate da Scheiwiller nel 1951 su suggerimento di Eugenio Montale e Maria Luisa Spaziani.

A motivo di tale precedenza storica si apre l'antologia con i due testi, anche se anni dopo li ritroviamo, ma con la giusta data, inseriti in *La presenza di Orfeo*. Il migliore commento è quello dell'autrice: «La poesia è leggenda specie in età giovanile quando ogni palpito del cuore e ogni conoscenza umana diventano filosofia dell'amore [...] L'amore a quindici anni è circoscritto, fragile ma estremamente attento [...] L'adolescenza, periodo mitico e burrascoso, è sempre alla ricerca disperata di un vertice (di un verso) che la possa oltraggiare e al tempo stesso difendere» (dalla Nota della Merini alla ristampa di *La presenza di Orfeo*, Scheiwiller 1993).

II.

Il gobbo, lirica datata 22 dicembre 1948, quando la Merini ha diciassette anni, è insieme dolcemente narrativa e simbolica nel mentre rivela un eccezionale distacco con contemplazione ironico-malinconica di se stessa. Allo stesso periodo risalgono i testi che costituiranno la prima raccolta edita, *La presenza di Orfeo* (Schwarz 1953), quinto quaderno della collana di poesia «Campionario», diretta da Giacinto Spagnoletti e nella quale Alda Merini dedica varie poesie alla minuscola cerchia di grandi amici di quegli anni, che hanno creduto in lei. *Lettere* all'amica Silvana Rovelli, dove già è tipico il linguaggio amoroso a connotare una fedele amicizia spirituale; *Luce* a Giacinto Spagnoletti; e soprattutto due liriche di eccezionale intensità a Giorgio Manganelli, il primo grande amore della ragazza, *La presenza di Orfeo* e *La notte*. La prima delle due liriche stupí per il suo «rapito orfismo» il poeta Carlo Betocchi e incanta per il finale «benessere assoluto» dell'amore immanente.

Nei primi volumetti poetici della Merini non solo si individuano motivi che saranno di tutta la sua poesia futura, ma soprattutto colpisce l'intrecciarsi di temi erotici e mistici; si pensi ai titoli stessi: alla *Presenza di Orfeo* si affianca nel 1955 *Paura di Dio*, edito da Scheiwiller. Paura di Colui «che ha due volti», uno di luce e l'altro «fosco», tenebroso, per cui la costante situazione erotica della Merini e il suo misticismo sembrano quasi illustrare una inconsapevole vocazione manichea dell'autrice. Non è naturalmente poesia colta quella della giovane Merini, c'è uno stato di rapimento e di oscuro interrogarsi, sincero e violento, un tutto che è apparso subito alla sua uscita pubblica molto originale; Spagnoletti nel risvolto di copertina afferma: «Tutto questo forma una poetica che si distacca dal quadro della lirica attuale e le dà forse piú vita, piú coraggio; certo le concede quèll'aria di giovinezza, anni di adolescenza: la stessa età dell'autrice di queste liriche». In tale luce vanno lette in *La presenza di Orfeo* le liriche *Canzone triste* e *Sarò sola?*

III.

La seconda raccolta si intitola, come si è detto, *Paura di Dio* e contiene testi dal 1947 al 1953: qualche lirica di alto livello, come *Il testamento*, o immaginaria previsione di morte e persino di follia, con la bella strofa: «Io non fui originata | ma balzai prepotente | dalle trame del buio | per allacciarmi ad ogni confusione».

Penetrante la preghiera a Dio, *Amo, e Tu sai...* confessione di stanchezza per un fantomatico vuoto. E ansiosa è l'invocazione al marito nella poesia a lui dedicata *Dies Irae* del 21 settembre 1953, l'anno del suo matrimonio con Ettore Carniti. Un soffio drammatico corre per la raccolta, investe *Lamento di un morto*, la porta a sognare, in *Solo una mano d'angelo*, una mano non umana in cui versare il suo pianto. Frequente il tema sacro, in *Maria Egiziaca*, *Resurrezione di Cristo*, e senso della morte in *Pax* o in *Gli antenati di Cristo*. Ma anche qui le crepe della sensualità compaiono e danno paura, angoscia, terrore: *Queste folli pupille*, *Da questi occhi*. Bagliori tragici sono quelli che illuminano la vita di Alda Merini in questi anni e la sua stessa poesia: una inquietudine foriera di futuri mali.

IV.

Nell'anno 1955 uscí presso Schwarz la raccolta *Nozze romane* nella collana «Dialoghi col poeta». Può essere proficuo riportare il risvolto di copertina: «L'opera di questa giovane poetessa è al di fuori delle correnti poetiche moderne; non pare derivare da una precisa scuola poetica; semmai Rilke e Whitman possono averle dato un avvio di canto ma non di pensiero. Del resto non è che un verso si debba necessariamente "pensare", anzi qui lo sforzo è tutto o massime del sentimento e di una intuizione che, a volte, ha il metro e la profondità di una profezia. Quindi le sue fonti parrebbero ancor piú lontane [...] Se poeticamente la Merini si è "definita", umanamente no e la bellezza delle sue poesie, specie quelle religiose, consiste appunto nell'insistenza dolorosa e sincera sul tema dell'impossibilità a salvarsi dalle angosce. Quindi una poesia complessa ma chiara nei suoi meriti e nei suoi fini; una voce nuova e tipicamente moderna, quando dal modernismo non si voglia escludere l'intelligenza».

Da questo risvolto di copertina sono proficuamente estrapolabili due riflessioni: la prima è sul potere profetico che emana dai versi, soprattutto da quelli piú interiormente estatici, contemplativi, calmi per cosí dire. La seconda riflessione riguarda l'impossibilità della giovane donna a liberarsi dall'angoscia, l'impotenza a una soluzione razionale, quasi i primi segnali della futura follia. Persino la poesia che dà il titolo alla raccolta *Nozze romane* e si configura come una fantasia della ragazza sui futuri incontri con lo sposo nella nuova casa, è dominata da un affanno angoscioso: «Mi scaverai fin dove ho le radici | (non per cercarmi, non per aiutarmi) | tutto scoperchierai che fu nascosto | per la ferocia di malsane usanze». Sono 18 versi che qualcosa rivelano della confusa sofferenza, ansia, paura.

Una Maddalena è evangelica metafora del rapporto interiore della ragazza col Maestro, il Poeta, Salvatore Quasimodo; una notevole e ben costruita lirica del 14 marzo 1949. La cronologia è ardua all'interno delle raccolte poetiche di Alda Merini. Una misura nuova, quasi ilare nella poesia del 16 dicembre 1954, cosí carica di fantasiosa vitalità: *Io vorrei, superato ogni tremore*. E analoga «fiducia dell'esistere» in *Anche se addormentata*. Frequenti i simboli iconici: *La Pietà, La Sibilla Cumana, Giovanni Evangelista, Cristo portacroce, Il fanciullo, (statua sepolcrale)*, per cui il testo è segno di imprevedibili ermeneutiche.

Fra le piú significative la lirica *Quando l'angoscia* con il bellissimo avvio: «Quando l'angoscia spande il suo *colore* | dentro l'anima *buia* | come una *pennellata* di vendetta» (nostre le sottolineature metaforiche).

V.

Un posto a sé merita la raccolta *Tu sei Pietro*, uscita da Scheiwiller nel 1961, una silloge poetica suggerita ad

Alda Merini dall'astrologa e letterata di quegli anni, Violetta Besesti, destinataria della lirica *Sogno* con cui si apre la seconda parte di questa catena di liriche dedicate a un amore infelice, non corrisposto per il medico Pietro De Paschale, che curava le due figlie della poetessa. A Violetta Besesti è dedicato un nuovo ritratto in *La gazza ladra*, raccolta del 1985. La situazione drammatica di passione non corrisposta, unico prezioso esempio nella poesia di Alda Merini, che in fondo è principalmente poesia d'amore, offre esiti creativi nuovi: la natura infelice di una passione non realizzabile produce un colpo d'ala che fa prendere spicco a queste liriche dando loro un'intensità compatta, che valorizza le tendenze mistiche sempre presenti nella Merini e fa assomigliare le sue fantasie passionali a quelle di qualche grande figura femminile dell'area delle scrittrici mistiche del passato cristiano. La passione è solitaria, si sviluppa tra le membra della donna che ha la mente lontana, persa dietro l'assente, l'intoccabile per definizione. Un tema nuovo che contraddistingue questa raccolta e le dà il carattere di una narrazione imparentata col fato, con le reti del destino da tragedia greca. Questa raccolta del 1961, cui seguirà un ventennio di silenzio, è un anello di congiunzione fra il prima e il dopo: già il titolo *Tu sei Pietro* è segnale di una sovrapposizione della metafora biblicoevangelica a un evento terreno drammatico, il che si ripeterà nella raccolta *La Terra Santa* (1984), il capolavoro della Merini.

Si rilegga la Parte prima di *Tu sei Pietro* e soprattutto il testo *Missione di Pietro* con i motivi della paura selvatica della carne e del finale martirio. Forti i rinvii evangelici in tutta la Parte prima della raccolta, mentre nella Parte seconda e Parte terza c'è quella fatalità tragica che investe ogni evento reale e di cui già si è parlato. Molto importante, per intendere la poesia di dopo il silenzio, la fusione, per cosí dire, ossimorica di impulsi religiosi ed erotici, cristiani e pagani. Nella lirica di questa raccolta dal titolo *Rinnovate ho per te* compare una strana chiusa parentetica:

(Ché cristiana son io ma non ricordo
dove e quando finí dentro il mio cuore
tutto quel paganesimo che vivo).

VI.

Dopo *Tu sei Pietro* un lungo silenzio. Con il 1965 ini-
zia l'internamento di Alda al manicomio Paolo Pini, as-
senza dal mondo che prosegue sino al 1972 con qualche
ritorno in famiglia e la nascita dell'amatissima figlia Bar-
bara. Seguono alterni periodi di apparente salute e di
malattia, lei risorge e ricade, sino al 1979 quando, a det-
ta della stessa scrittrice, torna a scrivere e soprattutto
dà l'avvio alle liriche piú intense, alle meditazioni sulla
sconvolgente esperienza manicomiale. Ne nasce l'ope-
ra *La Terra Santa* che si è già detto essere il suo capolavo-
ro, opera che vinse nel 1993 il Premio Librex Montale:
su una natura volta a cogliere l'apparizione dei fanta-
smi poetici del reale, il clima incoerente e vertiginoso
di un manicomio e di una propria follia ha irrobustito
la voce poetica e cosí la memoria di Alda Merini viene
a dare una vestizione creativa a uomini e cose, al teatro
della propria recita tragica. Come ha ben detto lo scrit-
tore Giorgio Manganelli nella prefazione a *L'altra veri-
tà. Diario di una diversa*, stupendo commento prosasti-
co della Merini alla propria esperienza manicomiale,
non si tratta di una testimonianza, ma di «una ricogni-
zione, per epifanie, deliri, nenie, canzoni, disvelamenti
e apparizioni, di uno spazio – non un luogo – in cui, ve-
nendo meno consuetudine e accortezza quotidiana, ir-
rompe il naturale inferno e il naturale numinoso dell'es-
sere umano».

L'uscita dal manicomio e la lucida stesura della *Terra
Santa* non segnarono la fine dell'indocile materia esisten-
ziale. Nel 1981 muore dopo una penosa malattia il ma-
rito Ettore Carniti e nel 1982 invano la poetessa, sola e
dimenticata dal mondo letterario, cerca di procurare
ascolto alla sua voce. Nessun editore le dà retta, altra ar-

dua esperienza per uno scrittore. Potrei testimoniare la generale indifferenza presso tutti i piú noti editori italiani, a cui personalmente mi rivolsi, finché nella primavera del 1982 un giorno raccontai delusa a Paolo Mauri, che allora dirigeva la rivista «Il cavallo di Troia», i negativi esiti del mio prodigarmi. Con squisita attenzione Mauri offerse lo spazio per trenta poesie nel n. 4, inverno 1982 - primavera 1983, della sua rivista. La mia scelta, concordata con Alda Merini, avvenne su un dattiloscritto di un centinaio di testi. Il silenzio era rotto e nel 1984 l'editore Scheiwiller riprese le trenta liriche, insieme ne aggiungemmo altre dieci e nacque il ben noto volume, dal quale riprendiamo i testi per questa antologia.

Ci si chiederà: perché i quaranta testi e non il possibile centinaio di liriche presenti nei dattiloscritti? Va precisato che per anni Alda Merini si era abituata, su consiglio dei medici, a scrivere di getto, spesso a scopo liberatorio; nacquero cosí, a fianco ai testi poetici di grande valore, altri di carattere comunicativo. Di qui l'utilità di un lavoro di selezione che isoli le perle e i brillanti e dia loro la possibilità di splendere. Comunque, il materiale lasciato inedito è a disposizione degli studiosi nel Fondo Manoscritti di Autori Moderni e Contemporanei dell'Università di Pavia.

VII.

Morto nel 1981 il marito, Alda Merini vive la sua solitudine di artista e di donna. Affitta una camera al pittore Charles, comincia a comunicare telefonicamente con il poeta tarantino Michele Pierri, membro come chi scrive dell'Accademia Salentina, creata a Lucugnano nel Salento dal poeta Gerolamo Comi. Michele Pierri, ormai oltre gli ottanta, è colpito dalla povertà e solitudine della giovane poetessa, come mi scrisse in alcune lettere colme di ammirazione per la sua poesia. Trascorrono due anni di incertezze, angosce, proterve speranze, epifanie per cui le ricognizioni danno luogo alla vita di un trian-

golo: il marito morto, il pittore ospite, il poeta taranti-
no lontano, che lei subito miticizza nel testo prosastico
Delirio amoroso: «bello, alto, austero, silenzioso e terri-
bile. Ma io non lo temevo. Due poeti non si temono mai,
perché sanno che sotto la loro forza c'è una vulnerabi-
lità cosí silenziosa da far pensare ai sottofondi marini».
Sono del 1982 le *Poesie per Charles*, edite per la prima
volta nel volume einaudiano a mia cura, *Vuoto d'amore*
(1991). Da queste poesie per il pittore Charles si rica-
vano molti segnali dell'incertezza di Alda nei riguardi
del suo futuro, vi si legge ad esempio l'*incipit*:

Non vedrò mai Taranto bella
    non vedrò mai le betulle
        né la foresta marina.

VIII.

E invece nell'ottobre 1983 Alda Merini sposa Mi-
chele Pierri e si trasferisce a Taranto. A lui ha dedicato
le *Rime petrose* nell'ottobre 1983 e altre poesie compar-
se in *Le piú belle poesie* (1983). Inoltre le liriche *Per Mi-
chele Pierri*, edite per la prima volta in *Vuoto d'amore*.
E Pierri è visto con l'immaginazione, lontano mille chi-
lometri, mentre lei sul Naviglio scrive *Le satire della Ri-
pa* (1983): e lui diventa «divino», «condottiero di nostal-
gia», che le impone di non trascorrere la notte tutta a
telefonargli.

IX.

Mentre dimorava a Taranto, protetta e curata da Mi-
chele Pierri, che di professione era stato bravissimo me-
dico, la Merini scrisse le venti poesie-ritratti della rac-
colta *La gazza ladra*, databili al 1985 e rimasti inediti si-
no al volume *Vuoto d'amore*. Ogni tanto la coppia saliva
a Milano su quel treno rievocato con acre e malinconi-

co rimpianto nella lirica *Su quel treno di Taranto*, *infini-
to*, edita in *Vuoto d'amore* fra le *Poesie per Marina*.

Erano una coppia favolosa, poeti di rilievo entrambi,
che ti venivano a trovare, ti donavano i loro testi e ti la-
sciavano nelle stanze il senso di una epifania. Di lui les-
si in occasione di una visita quel *Taccuino mariano* che
fu edito nel 1986 da Scheiwiller con prefazione di Alda
Merini, mentre ben conoscevo il primo testo poetico
del medico giovane, intitolato *Contemplazione e rivolta*
(1941-48) con lettera introduttiva di Carlo Bo ed edito
dall'Istituto d'arte di Urbino nel 1950, donatomi allo-
ra dall'autore, che viveva a Taranto con la prima moglie
Armida e tanti, tanti figli.

Nel luglio 1986 Alda Merini ritorna nel Nord, dopo
un periodo alquanto sinistro in cui viene rinchiusa nuo-
vamente in un ospedale psichiatrico, soffre di incom-
prensioni fatali nel nuovo contesto finché, rispedita
dall'ospedale a Milano, avvia una cura psichiatrica con
la dottoressa Marcella Rizzo, a cui sono dedicate alcu-
ne liriche dalla paziente che sta tornando alla luce, co-
me rivelano testi inediti, anche perché molto persona-
li, del Fondo pavese, situati in apposito settore:

Tu, anima, a volte mi sospingi in avanti
ancora perché io cammini da sola,
come un bimbo che esiti a partire,
e io cigolo come l'onda...

X.

Per sua fortuna e nostra letizia Alda Merini negli ul-
timi anni Ottanta e nei primi Novanta riprende quota,
scrive, avvicina gli amici di un tempo fra cui mi pongo,
ricomincia a pubblicare. Qualche cambiamento nella
storia e geografia culturale ha luogo: intanto affianca al-
la poesia la prosa, validissima e carica dell'eccezionale
ricchezza metaforica che ha sempre distinto la sua poe-
sia. Nel rileggere oggi *L'altra verità. Diario di una diversa*

(1986), *Delirio amoroso* (1989), *Il tormento delle figure* (1990) si sente scorrere nelle pagine prosastiche una vena lirica, si coglie l'incomparabile penetrazione di un mondo artistico unico, di un'unica maniera di vedere il reale. Toccherà a studiosi seri, non ai patetici fans che la inseguono per una poesiola inedita da carpirle, indagare finalmente con acutezza critica i percorsi stilistici dell'autrice, il movimento di quelle «molecole di narratività», come le chiamò Renato Minore, che negli ultimi anni stanno dando luogo anche a testi misti, in cui poesia e prosa convivono dirimpettaie sulle pagine: vedi *Ipotenusa d'amore* (1992), *La palude di Manganelli o Il monarca del re* (1992), *Un'anima indocile* (1996).

XI.

Scegliamo come *exemplum La palude di Manganelli* perché siamo di fronte alla raccolta piú intensamente drammatica e che segna una tappa nel percorso ansioso della vita sentimentale della scrittrice: Alda Merini si ferma e ricorda.

I fatti appaiono emanazioni del destino: nel 1991 muore Giorgio Manganelli, una notte del mese di giugno, e quasi a ruota la sua voce ci raggiunge con il testo postumo *La palude*, presto stampato da Adelphi. Manganelli e la Merini vissero lo splendore di una grande passione negli ultimi anni Quaranta, ma il periodo edenico scomparve presto. Ora la Merini affonda nella propria memoria e contempla la luce e l'oscurità di quel fatale incontro. In questa prospettiva le prose e poesie del volumetto citato volano alto e appaiono le piú importanti testimonianze della circolarità storica di un grande amore, da *La presenza di Orfeo* a *La palude di Manganelli o Il monarca del re*, una storia che ha brillato drammaticamente per quasi mezzo secolo. Per questo si è deciso di affiancare alle liriche del 1992 una pagina di prosa limpida e pura, sgorgata dalla contemplazione memoriale. Merini e Manganelli, per chi li ha avvicinati nei tempi

lontani, erano «due figure di sogno», come lei stessa scri-
ve. E sono queste figure che si vogliono ricordare.

XII.

Nel 1993 Alda Merini scrisse anche *Titano amori in-
torno*, uscito presso l'editore La vita felice con sei dise-
gni di Alberto Casiraghi. Sia Casiraghi con le sue mini-
edizioni Pulcinoelefante sia La vita felice esercitarono
una forte suggestione editoriale su Alda Merini che av-
viò anche una fitta composizione aforistica e canalizzò
nei minitesti quasi tutta la produzione degli ultimi an-
ni, donde il pericolo di considerare inediti alcuni ma-
noscritti della poetessa, che lei stessa preferiva offrire
subito stampati, di indebolire la struttura delle sue pas-
sate raccolte, sostituite da minitesti, spesso casuali. Sa-
rebbe oggi assai problematico fare una grossa edizione
di inediti, come mi riuscí con il volume *Vuoto d'amore*.
Ci sono troppe api a suggere il nettare.

Tornando alla raccolta *Titano amori intorno* (1993) si
può anche postillare che qualcosa è cambiato nello stile
della Merini, la forza metaforica ha ceduto a una collo-
quialità assai comunicativa, ma un po' povera di incanti;
lo stesso oggetto è violentemente mutato: da Manganel-
li si è passati al barbone Titano e i versi sono nel sotto-
fondo desolati e a volte, in superficie, barocchi. È sem-
pre, comunque, una testimonianza del cammino di uno
scrittore, e come tale la si offre, da collegarsi inoltre con
il romanzo o prosa narrativa contemporanea: *La pazza del-
la porta accanto*, dove nuovamente Titano è personaggio
dominante e un vago barocchismo aleggia fra le pagine.

XIII.

Con *Ballate non pagate* (1995), edite da Einaudi a cu-
ra di Laura Alunno, la poesia riprende quota e si apre a
molteplici aspetti del reale di anni lontani o di giorni vi-

cini: ansia per la morte di amici che la ferisce profonda-
mente, come un misterioso fato incombente, e insieme
un accendersi di visioni sensuali contemplate nella me-
moria o una ripresa di temi legati al quotidiano del quar-
tiere milanese dei Navigli, su cui la scrittrice aveva già
composto nel lontano 1983 *Le satire della Ripa*.

E non si ignori nell'area dei Navigli il caffè-libreria
Chimera, dove la Merini soleva offrire agli amici e so-
dali avventori del Caffè suoi dattiloscritti, cosí tormen-
tati graficamente perché scritti su una ormai storica vec-
chia macchina da scrivere priva di nastro, per cui la biz-
zarra Alda batteva i tasti direttamente sulla carta a
carbone, con delizia dei destinatari! *Le Ballate* si colle-
gano a questo mondo del Naviglio difficile e insieme in-
dimenticabile, che era già desto nel secolo XIII con Bon-
vesin da la Riva; esse furono composte in due momen-
ti, 1989-93 e 1994.

Drammatiche le liriche nate dall'angoscia della mor-
te di amici (Manganelli, Pierri, Titano) e soprattutto da
quella improvvisa, innaturale, per incidente aereo di Ro-
berto Volponi, figlio dello scrittore Paolo Volponi e ca-
ro sodale dell'autrice. Alle due intense liriche, *Era il sei
di gennaio maledetto* e *Non sparire nell'azzurro*, entrate
nella raccolta *Ballate non pagate*, ci si consenta di affian-
care le *Quattro stanze per Roberto Volponi*, scritte quasi
contemporaneamente ed edite in *La volpe e il sipario*
(1997). C'è un dolore stupefatto che accosta i vari testi.

Con queste *Ballate* Alda Merini vinse il Premio Via-
reggio 1996 per la Poesia. Si postilla che il significato au-
tentico del titolo allude al senso di inutilità del lavoro poe-
tico all'interno delle regole sociali e umane: la vita non
cede mai al lavoro poetico una sorta di vero risarcimento.

XIV.

Ma Alda Merini è un'araba fenice, risorge dalle ce-
neri.

Un colpo d'ala offre la raccolta di poesie *La volpe e il*

sipario con illustrazioni di Gianni Casari – postfazione di Simone Bandirali, Girardi editore, Legnano 1997, *per ora* cronologicamente ultimo volumetto della Merini. Si rivela qui costantemente applicata la tecnica della poesia che nasce di getto per via orale e altri trascrivono. Il fenomeno, tipicamente contemporaneo di una scelta della oralità a svantaggio della scrittura, è per ora unico dentro l'universo della poesia contemporanea; gli altri poeti fanno serate di recita, ma si tratta di letture, non di tecnica da aedo, dalla quale provengono l'organizzazione dei livelli formali degli enunciati e la loro ripetitività. Accade cosí di trovare il collegamento originario fra un certo tema, l'amore, la morte, e gli enunciati che lo raccontano, prodottosi a priori nella memoria del recitante, nel suo «repertorio» memoriale.

La tecnica dell'improvvisazione, del «far nascere di getto», ha accompagnato tutta l'esistenza della poesia presso la Merini, ma in questo ultimo volumetto, a detta dell'autrice e dei curatori, la sua presenza è forte. I segni della oralità appaiono alla Merini, come ai giovani d'oggi, atti a produrre una forma piú autentica di comunicazione rispetto ai segni della scrittura. Viene alla mente Zanzotto, che in *Filò* collega la poesia alle origini stesse della oralità infantile, al *petel* come «sperimentazione di una oralità, oracolarità, oratoria minima eppure forte di tutto il viscoso che la permea, veniente di là dove non è scrittura (quella che ha solo migliaia di anni)». E Sanguineti nel 1979 parlava di una intervista «della poesia come scrittura per la voce e della voce come incarnazione del testo». La Merini è in un certo senso un'autrice ditirambica, con tutto il positivo e il negativo sotteso; se le sue esperienze si colleghino alla «diversità» della passata malattia non spetta a noi rilevarlo, ma se mai agli psicanalisti.

La volpe e il sipario, con tiratura di 333 copie fuori commercio, corrisponde in realtà a un inedito offerto in veste tipografica elegante. Scrive nella Postfazione il medico Simone Bandirali: «Intanto il titolo, *La volpe e il sipario*, che ci afferra alla gola e ci trasporta sulla scena della vita intesa come teatro perenne: in mezzo lei, l'attrice, vittima e carnefice allo stesso tempo. Non è forse la volpe l'animale che, dietro l'apparente esilità delle forme, nasconde insospettabile forza e ferocia?»

Senza dubbio i «bagliori ferini» ci sono in queste liriche, ma ci sono anche le «favole di una donna che vuole amare», verso suo. Impossibile nell'opera della Merini porre tramezze fra ciò che nel reale è avvenuto e ciò che l'immaginario della scrittrice ha fagocitato e fatto oggetto di pura invenzione. Impossibile separare la vita vissuta da quella sognata.

XV.

Lentamente l'oralità ha portato l'ispirazione verso testi di misura breve e, come esito finale, verso l'aforisma.

Eccezionalmente ricca la produzione aforistica in questi ultimi anni: il Catalogo Generale delle Edizioni Pulcinoelefante, edito da Scheiwiller (1997), documenta come l'incontro con Alda Merini «ha portato un fiume nuovo alle edizioni» e forse ha favorito la «scelta di piccole tirature, da 18 a 25 copie per lo piú», la quale (è Scheiwiller che parla nella premessa dal titolo *Miniedizioni per «libridinosi»*) «è dovuta all'unicità di ogni esemplare che contiene quasi sempre disegni originali, piccole sculture, incisioni e ogni sorta di oggetti eseguiti da vari autori».

Resterà da capire se è l'editore ad aver influenzato la Merini o viceversa, se è lei o Casiraghi; fatto sta che i minitesti di Alda Merini risultano dal catalogo piú di cinquecento. Scheiwiller noterà che come lui, appassionato di Ezra Pound, combatteva coi libricini per liberare il poeta dal manicomio criminale di Washington, dove fu rinchiuso dal '45 al '58 per un reato d'opinione, tanto che Falqui definí Pound il Garibaldi delle edizioni Scheiwiller, cosí il Pulcinoelefante ha il suo Garibaldi, che è una Garibaldi, non Anita, ma Alda. Si tratta di un fiume di bei libretti, di cui un notevole numero si trova anche al Fondo Manoscritti dell'Università di Pavia, destinati in questo mondo dell'effimero a divenire oggetti di antiquariato.

Si precisa che il libretto di elegante carta a mano può contenere un aforisma, tre aforismi, una breve poesia; ciò che conta è il fatto che ognuno di essi è un unicum in rapporto al suo illustratore, sia Munari o Casiraghi o Adriano Porazzi, che ha disegni incisi sul legno di pero e cosí via. Forse solo Vanni Scheiwiller possiede la raccolta completa. Qui si rimanda al già citato Catalogo Generale delle Edizioni Pulcinoelefante e alla nostra Bibliografia.

Purtroppo in questa sede si è costretti a estrapolare gli aforismi dal delizioso paratesto, il cui estro inventivo appartiene al pittore-editore e ad altri artisti collaboratori. Non ci resta che augurare lunga durata a questi fragili incontri di poesia e arti belle, oggetti di grande suggestione per il bibliofilo e il critico.

MARIA CORTI

Gennaio 1998.

Bibliografia

Opere di Alda Merini.

La presenza di Orfeo, Schwarz, Milano 1953.
Paura di Dio, Scheiwiller, Milano 1955.
Nozze romane, Schwarz, Milano 1955.
Tu sei Pietro, Scheiwiller, Milano 1961.
Destinati a morire, Lalli, Poggibonsi 1980.
Le rime petrose, edizione privata, 1983.
Le satire della Ripa, Laboratorio Arti Visive, Taranto 1983.
Le piú belle poesie, edizione privata, 1983.
La Terra Santa, Scheiwiller, Milano 1984.
La Terra Santa e altre poesie, Lacaita, Manduria 1984.
L'altra verità. Diario di una diversa, Scheiwiller, Milano 1986.
Fogli bianchi, Biblioteca Cominiana, Livorno 1987.
Testamento, a cura di Giovanni Raboni, Crocetti, Milano 1988.
Delirio amoroso, il melangolo, Genova 1989.
Il tormento delle figure, il melangolo, Genova 1990.
Le parole di Alda Merini, Stampa Alternativa, Roma 1991.
Vuoto d'amore, Einaudi, Torino 1991.
Valzer, TS, Settignano 1991.
Balocchi e poesie, TS, Settignano 1991.
Ipotenusa d'amore, La vita felice, Milano 1992.
Aforismi, Nuove Scritture, Abbiategrasso 1992.
La vita felice, *Aforismi*, Pulcinoelefante, Milano 1992.
La palude di Manganelli o Il monarca del re, La vita felice, Milano 1992.
Rime dantesche, Divulga, Crema 1993.
Le zolle d'acqua, Montedit, Melegnano 1993.
Se gli angeli sono inquieti. Aforismi, Shakespeare and Company, Firenze 1993.
Titano amori intorno, La vita felice, Milano, 1993.

Reato di vita, Melusine, Milano 1994.
Il fantasma e l'amore, La vita felice, Milano 1994.
Doppio bacio mortale, Lietocollelibri, Faloppio 1994.
La pazza della porta accanto, Bompiani, Milano 1995.
Ballate non pagate, a cura di Laura Alunno, Einaudi, Torino 1995.
Sogno e poesia, Carte d'artista, La vita felice, Milano 1995.
Lettera ai figli, Lietocollelibri, Faloppio 1995.
La vita felice. Sillabario, Bompiani, Milano 1996.
Refusi, Zanetto, Brescia 1996.
Un'anima indocile, La vita felice, Milano 1996.
Immagini a voce, Motorola 1996.
Aforismi, Pulcinoelefante, Milano 1996.
La vita facile, Bompiani, Milano 1996-97.
La volpe e il sipario, Girardi, Legnano 1997.
Orazioni piccole, Edizioni dell'Ariete, Crema 1997.
Catalogo generale Edizioni Pulcinoelefante (1982-1996), All'insegna del pesce d'oro - Scheiwiller, Milano 1997.
Curva in fuga, Edizioni dell'Ariete, Crema 1997.

Fiore di poesia
1951-1997

I.

Da *Poetesse del Novecento*

(1951)

Il gobbo

Dalla solita sponda del mattino
io mi guadagno palmo a palmo il giorno:
il giorno dalle acque cosí grigie,
dall'espressione assente.

Il giorno io lo guadagno con fatica
tra le due sponde che non si risolvono,
insoluta io stessa per la vita
... e nessuno m'aiuta.

Ma viene a volte un gobbo sfaccendato,
un simbolo presago d'allegrezza
che ha il dono di una strana profezia.

E perché vada incontro alla promessa
lui mi traghetta sulle proprie spalle.

22 dicembre 1948

Luce

a G. S.

Chi ti descriverà, luce divina
che procedi immutata ed immutabile
dal mio sguardo redento?
Io no: perché l'essenza del possesso
di te è «segreto» eterno e inafferrabile;
io no perché col solo nominarti
ti nego e ti smarrisco;
tu, strana verità che mi richiami
il vagheggiato tono del mio essere.

Beata somiglianza,
beatissimo insistere sul giuoco
semplice e affascinante e misterioso
d'essere in due e diverse eppure tanto
somiglianti; ma in questo
è la chiave incredibile e fatale
del nostro «poter essere» e la mente
che ti raggiunge ove si domandasse
perché non ti rapisce all'Universo
per innalzare meglio il proprio corpo,
immantinente ti dissolverebbe.

Si ripete per me l'antica fiaba
d'Amore e Psiche in questo possederci
in modo tanto tenebrosamente
luminoso, ma, Dea,
non sia mai che io levi nella notte

della mia vita la lanterna vile
per misurarti coi presentimenti
emananti dai fiori e da ogni grazia.

22 dicembre 1949

II.

Da *La presenza di Orfeo*

(1953)

La vergine

Non avete veduto le farfalle
con che leggera grazia
sfiorano le corolle in primavera?
Con pari leggerezza
limpido aleggia sulle cose tutte
lo sguardo della vergine sorella.
Non avete veduto quand'è notte
le vergognose stelle
avanzare la luce e ritirarla?...
Cosí, timidamente, la parola
varca la soglia
del suo labbro al silenzio costumato.
Non ha forma la veste ch'essa porta,
la luce che ne filtra
ne disperde i contorni. Il suo bel volto
non si sa ove cominci, il suo sorriso
ha la potenza di un abbraccio immenso...

15 novembre 1947

Lettere

a Silvana Rovelli

Rivedo le tue lettere d'amore
illuminata, adesso, dal distacco;
senza quasi rancore...

L'illusione era forte a sostenerci;
ci reggevamo entrambi negli abbracci
pregando che durassero gli intenti,
ci promettemmo il «sempre» degli amanti,
certi nei nostri spiriti d'Iddii...

... E hai potuto lasciarmi,
e hai potuto intuire un'altra luce
che seguitasse dopo le mie spalle!

Mi hai suscitato dalle scarse origini
con richiami di musica divina,
mi hai resa divergenza di dolore,
spazio per la tua vita di ricerca
per abitarmi il tempo di un errore...

... E mi hai lasciato solo le tue lettere
onde ne ribevessi la mia assenza!

Gennaio 1949

Colori

S'io riposo, nel lento divenire
degli occhi, mi soffermo
all'eccesso beato dei colori;
qui non temo piú fughe o fantasie
ma la «penetrazione» mi abolisce.

Amo i colori, tempi di un anelito
inquieto, irresolvibile, vitale,
spiegazione umilissima e sovrana
dei cosmici «perché» del mio respiro.

La luce mi sospinge ma il colore
m'attenua, predicando l'impotenza
del corpo, bello, ma ancor troppo terrestre.

Ed è per il colore cui mi dono
s'io mi ricordo a tratti del mio aspetto
e quindi del mio limite.

22 dicembre 1949

La presenza di Orfeo

a Giorgio Manganelli

Non ti preparerò col mio mostrarmiti
ad una confidenza limitata,
ma perché nel toccarmi la tua mano
non abbia una memoria di presagi,
giacerò nell'informe
fusa io stessa, sciolta dentro il buio,
per quanto possa, elaborata e viva,
ridivenire caos...

Orfeo novello amico dell'assenza,
modulerai di nuovo dalla cetra
la figura nascente di me stessa.
Sarai alle soglie piano e divinante
di un mistero assoluto di silenzio,
ignorando i miei limiti di un tempo,
godrai il possesso della sola essenza.

Allora, concretandomi in un primo
accenno di presenza,
sarò un ramo fiorito di consenso,
e poi, trovato un punto di contatto,
ammetterò una timida coscienza
di vita d'animale
e mi dirò che non andrò piú oltre,
mentre già mi sviluppi,
sapienza ineluttabile e sicura,
in un gioco insperato di armonie,
in una conclusione di fanciulla...

Fanciulla: è questo il termine raggiunto?
E per l'addietro non l'ho maturato
e non l'ho poi distrutto
delusa, offesa in ogni volontà?
Che vuol dire fanciulla
se non superamento di coscienza?
Era questo di me che non volevo:
condurmi, trascurando ogni mia forma,
al vertice mortale della vita...
Ma la presenza d'ogni mia sembianza
quale urgenza incalzante di sviluppo,
quale presto proporsi
e piú presto risolversi d'enigmi!

E quando poi, dal mio aderire stesso,
la forma scivolò in un altro tempo
di piú rare e piú estranee conclusioni,
quando del mio «sentirmi» voluttuoso
rimane un'aderenza di dolore,
allora, allora preferii la morte
che ribadisse in me questo possesso.

Ma ci si può avanzare nella vita
mano che regge e fiaccola portata
e ci si può liberamente dare
alle dimenticanze piú serene
quando gli anelli multipli di noi
si sciolgono e riprendono in accordo,
quando la garanzia dell'immanenza
ci fasci di un benessere assoluto.

Cosí, nelle tue braccia ordinatrici
io mi riverso, minima ed immensa;
dato sereno, dato irrefrenabile,
attività perenne di sviluppo.

25 febbraio 1949

Il pericolo

Che s'io cosí mi decanto
sciogliendomi in tempo
dalla forma assoluta che «decide»,
non vedere, amor mio,
dentro la povertà della mia assenza
un assenso, un consenso o solamente
una parola
da richiamare sempre,
da oppormi quasi a specchio ed a condanna
d'ogni mio moto divenuto illecito!

Ho timore di questo:
che qualcuno ricavi dal passato
un simbolo, un accenno
che mi descriva incatenata sempre
ad un unico passo...

Mobile come sono,
cinta di fughe e da sproni tremendi
e incalzanti turbata, esasperata,
non è ancora per me giunto il momento
di riposare queste membra stanche
sull'iniziale della fissità!

13 aprile 1949

La notte

a Giorgio Manganelli

... Ma con le cifre fervide del cuore
descriverò l'analisi notturna
delle nostre rovine.
Quando su me ti conducevi assorto
come sulle macerie si conduce
un aggraziato termine di maggio
e, tutta illuminandomi, sostavi
alle crepe tremando di un astratto
cenno di salvazione, o d'una piaga
esprimendo il concreto esterrefatto
in bagliori di veli,
o, toccando il mio vertice, in un grido
permutavi il dolore in esultanza
freccia puntata d'ogni tentazione...
E come ti sfuggivo inorridita
delle mie stesse grazie, innamorata
invece
della fragilità delle mie spine.

La notte: quante mai disconoscenze
mi spinsero ad urlare questo frutto
di dannata certezza,
quante dalle mie braccia dolorose
angosce risollevo
ad affogare in turbini sanguigni!

2 settembre 1950

Lasciando adesso che le vene crescano

Lasciando adesso che le vene crescano
in intrichi di rami melodiosi
inneggianti al destino che trascelse
te fra gli eletti a cingermi di luce...
In libertà di spazio ogni volume
di tensione repressa si modella
nel fervore del moto e mi dissanguo
di canto «vero» adesso che trascino
la mia squallida spoglia dentro l'orgia
dell'abbandono. O, senza tregua piú,
dannata d'universo, o la perfetta
nudità della vita,
o implacabili ardori riplasmanti
la già morta materia: in te mi accolgo
risospinta dagli echi all'infinito.

4 ottobre 1950

Canzone triste

Quando il mattino è desto
tre colombe mi nascono dal cuore
mentre il colore rosso del pensiero
ruota costante intorno alla penombra.
Tre colombe che filano armonia
e non hanno timore ch'io le sfiori...
Nascono all'alba quando le mie mani
sono intrise di sonno e non ancora
alte, levate in gesti di minaccia...

1° gennaio 1951

Sarò sola?

Quando avrò alzato in me l'intimo fuoco
che originava già queste bufere
e sarò salda, libera, vitale,
allora sarò sola?

E forse staccherò dalle radici
la rimossa speranza dell'amore,
ricorderò che frutto d'ogni
limite umano è assenza di memoria,
tutta mi affonderò nel divenire...

Ma fino a che io tremo del principio
cui la tua mano mi iniziò da ieri,
ogni attributo vivo che mi preme
giace incomposto nelle tue misure.

Ottobre 1952

III.

Da *Paura di Dio*

(1955)

Chi sei

Sei il culmine del monte di cui i secoli
sovrapposti determinano i fianchi,
la Vetta irraggiungibile,
il compendio di tutta la Natura
per entro cui la nostra mentre indaga.
Sei Colui che ha due Volti: uno di luce
pascolo delle anime beate,
ed uno fosco
indefinito, dove son sommerse
la gran parte dell'anime, cozzanti
contro la persistente
ombra nemica: e vanno, in quelle tenebre,
protendendo le mani come ciechi...

21 dicembre 1947

Il testamento

Se mai io scomparissi
presa da morte snella,
costruite per me
il piú completo canto della pace!

Ché, nel mondo, non seppi
ritrovarmi con lei, serena, un giorno.

Io non fui originata
ma balzai prepotente
dalle trame del buio
per allacciarmi ad ogni confusione.

Se mai io scomparissi
non lasciatemi sola;
blanditemi come folle!

3 novembre 1953

Amo, e Tu sai...

Padre, se questo amore
cosí grande mi attira
fino a darmi giganti dimensioni;
Padre, se questa ascesa
è simile all'abisso e colorata,
prosperosa ogni vena di ricordo,
dàmmi morte ossequiosa
dei miei ciechi travagli
e una pura deriva
a cui possa ancorare ogni divieto.

Padre dolce, m'attiri
il Tuo pieno coraggio:
velami Tu di mille accettazioni
che non siano fragili eminenze
di un assente principio.

Amo, e Tu sai che l'anima mi è stanca:
troppe volte abbattuto
fu il fantasma del vuoto alle mie case!

Dicembre 1953

Dies Irae

a mio marito

Tu insegui le mie forme,
segui tu la giustezza del mio corpo
e non mai la bellezza
di cui vado superba.
Sono animale all'infelice coppia
prona su un letto misero d'assalti,
sono la carezzevole rovina
dai fecondi sussulti alle tue mani,
sono il vuoto cresciuto
sino all'altezza esatta del piacere
ma con mille tramonti alle mie spalle:
quante volte, amor mio, tu mi disdegni.

21 settembre 1953

Lamento di un morto

a Padre Camillo De Piaz

Aspettavo la ricomposizione
dei miei sensi disgiunti,
ma un Dio non sospettato
ha disciolte le rime del mio amore...
Credevo commutare
questi pilastri d'ossa con sorgenti
di finissimo cielo,
e in cambio n'ebbi basi di pantano.
Sono finito piú che nel dolore...
Ma non è questo il punto
saturo di mia fede:
il mio Dio sta immerso
di là d'un palmo, e ho le dita monche
per raggiungerLo in pieno!

7 luglio 1953

Solo una mano d'angelo

Solo una mano d'angelo
intatta di sé, del suo amore per sé,
potrebbe
offrirmi la concavità del suo palmo
perché vi riversi il mio pianto.
La mano dell'uomo vivente
è troppo impigliata nei fili dell'oggi e dell'ieri,
è troppo ricolma di vita e di plasma di vita!
Non potrà mai la mano dell'uomo mondarsi
per il tranquillo pianto del proprio fratello!
E dunque, soltanto una mano di angelo bianco
dalle lontane radici nutrite d'eterno e d'immenso
potrebbe filtrare serena le confessioni dell'uomo
senza vibrarne sul fondo in un cenno di viva ripulsa.

Maria Egiziaca
(Tintoretto)

Sulla chiara aderenza del suo viso
dove balena il ritmico, selvaggio,
sentimento dell'alba
mentre della notturna s'addolora
quiete silvestre e cinge a dominare
il boato del tempo la piú cauta
trepida luce, salgono veloci
i profili irrequieti del destino.

Mirabile linguaggio che trascorre
dalle limpide acque alla vibrata
forza dell'inumana profezia!

        .   .   .   .

Ora nell'ampia conca dell'eremo
un soffuso candore si raccoglie
dalle acque sui rami ed accompagna
di cenni lacrimevoli il congedo.

26 novembre 1950

Pax

Leva morte da noi
quell'intatto minuto come pane
che l'amante non morse né la donna
al colmo dell'offerta.
Dove vita, di sé fatta piú piena
ci divide dal corpo
e ci annovera al gregge di un Pastore
costruito di luce,
nasce morte per te. D'ogni dolore
parto ultimo e solo
che mai possa procedere dal seno...
Eppure a noi lontano desiderio
di quell'attimo pieno
viene a fatica dentro giorni oscuri
ma se calasse nella perfezione
di sua vera natura
presto cadremmo affranti dalla luce.
L'albero non è albero né il fiore
può decidersi bello
quando sia forte l'anima di male;
ma nel giorno di morte
quando l'amante, tenebroso duce
abbandona le redini del sangue,
sí, piú pura vicenda
si spiegherà entro un ordine di regno.
Ed il senso verrà ricostruito,
e ogni cosa nel letto
in cui cadde nel tempo avrà respiro,

un respiro perfetto.
Ora solo un impuro desiderio
può rimuovere tutto, ma domani
quando morte s'innalzi...

21 aprile 1954

Queste folli pupille

Queste folli pupille
troppo aderenti ai ciclo dell'Amore,
spengile Tu, Signore,
e un colore uniforme
calami dopo, assolto ogni tremore.
Perché piú non mi illuda
di ritorni e di aspetti
e mi renda sotterra
nuda di voglie, ferma la golosa
tentazione dei vivi!

31 luglio 1953

Da questi occhi

Da questi occhi cerchiati di dolore
che ancora non Ti vedono, Signore,
riflesso dentro il mondo,
salvami Tu: sepolta sotto il ciglio
ho una vena di sguardo fuggitiva,
grave di intelligenza,
pallida di tremore inopinato.
Toglimi a me che ho fatta rete intorno
alle stesse bellezze che mi hai date,
che ho mutilati con stoltezza viva
i margini della forza.
O Padre, o Amico, perché vuoi sepolta
entro la tomba del mio stesso nome
me cosciente, me viva
e me, perennemente innamorata?

Da *Nozze romane*

(1955)

Nozze romane

Sí, questa sarà la nostra casa,
oggi arrivo a capirlo;
ma tu, uomo gaudente, chi sei?
Ti misuro: una formula eterna.
Hai assunto un aspetto inesorabile.

Mi scaverai fin dove ho le radici
(non per cercarmi, non per aiutarmi)
tutto scoperchierai che fu nascosto
per la ferocia di malsane usanze.

Avrai in potere le mie fondamenta
uomo che mi costringi;
ferirai le mie carni col tuo dente,
t'insedierai al fervore d'un anelito
per soffocarne il senso dell'urgenza.

Come una pietra che divide un corso,
un corso d'acqua giovane e irruente,
tu mi dividerai con incoscienza
nelle braccia di un delta doloroso...

29 dicembre 1948

Una Maddalena

a Salvatore Quasimodo

Uomo, mi hanno condotta dall'estremo
dove vivevo intera la «mia» vita
al Tuo opposto tremendo di giustizia:
che cosa dedurranno dal confronto
dei nostri due insondabili princípi?

Qualcuno certo, conscio del Tuo inizio,
tratteneva i Tuoi volti successivi
in un travaglio cieco di rapporti
ma io, ancor prima che gli anelli tutti
della mia vita fossero congiunti,
mi distaccai precipite dal nulla
e proclamai la carne concepita.

Uomo Perfetto, cosa dannerai
di questo seme che, nel modularsi,
s'è rinforzato solo di se stesso
senza estasiarsi in giochi di virtú?

Certo conoscerai che equilibrando
ogni comandamento che mi esorta
a saturarmi tutta di peccato,
che riportando a questo intendimento
la perfezione delle mie lacune,
confluirei con adeguato passo
verso una vita lineare e assente.
Ma per ora, il peccato, del mio tutto,
resta la tappa ultima e possente

ed un ritmo incessante di condanna
mi rigetta dal muovermi comune.

Quando, fanciulla appena, mi concessi,
quando mi sciolsi per la prima volta
da quel bruciore acuto di purezza
che sublimava ambiguità tremende,
sentii l'impegno che covavo dentro
crescere, quasi a forza di missione.

Non ho altra virtú che di condurmi
a prodigiose altezze di consenso
e una stanchezza illimite mi prende
se non mi adagio sopra un'altra forma...

Allineando tutte le mie ombre
volte perdutamente verso terra,
posso durare un tempo indefinito
accentrata in un'unica figura.

Ma che dolore sale le mie braccia
reggenti il grave fascio di me stessa:
l'essere dura giova solamente
a questa dubbia resistenza mia...
Sotto il piede che immagino sicuro
cerco il terreno viscido di sempre:
la tentazione è come un tempo lungo
ch'io devo bere, abbrividendo, in fretta...

Guarda, perché previeni il Tuo guardarmi
con errata coscienza di pudore?
Guarda, senza sapere l'astinenza,
queste carni purgate dal piacere,
questi occhi sinceri nell'orgoglio,
questi capelli dal profumo intenso
di vita e di memorie...
Peccato questo vivere me stessa?

So che la santità germoglierebbe
esercitando in me falsi connubi,
ma asségnami una giusta tolleranza
se l'indulgenza nega questo passo,
fa che il ritorno al vivere di sempre
non sprofondi nel buio di un abisso
e che non mi si dia maggiore colpa
se come gli altri, e con eguale indugio,
gioco il distacco dalla mia matrice.

14 marzo 1949

Io vorrei, superato ogni tremore

Io vorrei, superato ogni tremore
giungere alla bellezza che mi incalza,
dalla rovina del silenzio, fonda,
togliere la misura della voce
e cantare all'unisono coi suoni;
stamparmi nelle palme ogni vigore
in crescita perenne e modulare
un attento confine con le cose
ov'io possa con esse colloquiare
difesa sempre da incipienti caos.
Vorrei abitare nel segreto cuore
centro d'ogni piú puro movimento,
animare di me gli spenti aspetti
dei fantasmi reali e riplasmare
le parabole ardenti ove ogni grazia
è tocca dal suo limite. Variata
stupendamente da codesti incontri
numererò la plurima mia essenza
entro un solo, perenne,
insistere di toni adolescenti.
Nell'aperta misura delle ali
del piú libero uccello,
nel vigore degli alberi,
nella chiarezza-musica dei venti,
nel frastuono puerile dei colori,
nell'aroma del frutto,
sarò creatura in unico e diverso
principio, senza origine né segno

d'ancestrale condanna.
E so, per questa verità, che il tempo
non crollerà spargendo le rovine
dei violati contatti alla mitezza
del mio nuovo apparire, né la sacra
identità del canto verrà meno
ai suoi idoli vivi.

16 dicembre 1954

Anche se addormentata

Anche se addormentata nella strada
di un sogno, senza gemiti né voci;
anche se sola, paurosamente
distorta dalla vera e principale
vena di pura verticalità,
anche se assente dentro il lievitato
pudore delle palpebre socchiuse,
non tradirò le ceneri di un mito
che mi fu solo e identico. Serrati
nel centro del mio spirito i già mondi
segreti del passato hanno versioni
di pudiche allegrezze e il movimento
che potrebbe fluirmi nelle membra
è pari alla perfetta
grazia delle nature primitive.
Nell'orbita dei gesti non compiuti
nell'orbita del bacio,
celebro in sacrificio un malefizio
che al suo centro decede. Tutto quanto
tenta fermarmi è male, la fiducia
dell'esistere in me fu gioco ebbro
di mutamento...
Anche se addormentata, il mio costante
volgermi è ricco di rivelazioni,
il mio largo stupore è maturante
un attacco improvviso di perfetti
ignorati strumenti, la mia voce
prepara i toni della profezia,

il mio corpo ogni grado di scintilla
vitale, le mie labbra
la parola finale cui converge
il brivido del sangue.
Per questo attendo la felice sorte
di un'ora non umana, non uguale
a nessun'altra e sbocco di ogni limite;
un'ondata di tempo che sollevi
gloriosamente il gergo del passato
e lo riveli identico al mio cielo.

25 dicembre 1950

La Pietà

Ora si piega la visione acuta
delle cose superne
sopra il linguaggio oscuro di un presente
pienamente scontato. All'improvviso
vuoto è fatto nel grembo già maturo
di letizia inumana. In un profluvio
d'ipotetico pianto si insapora,
velame spento di una forza antica
poggiata sopra il fremito piú basso
d'un fuoco, in forza del divino, vivo.
E cosí Morte inizia la sua insidia
con un violento grido circolare.

24 novembre 1951

La Sibilla Cumana

Ho veduto virgulti
spegnersi a un sommo d'intima dolcezza
quasi per ridondanza di messaggi
e disciogliersi labbra
a lungo stemperate nella voce,
nell'urlo, quasi, della propria vita;
vuota di sé ho scrutata la pupilla,
impoverito il trepido magnete
che attirava in delirio le figure.
Cosí, sopra una forma già distesa
nel certo abbraccio dell'intuizione,
crolla la lenta pausa finale
che intossica di morte l'avventura.

24 novembre 1951

Giovanni Evangelista

Quando la giovinezza si fa buia
prima che sopravvenga a dominare
la luce dell'ascolto,
ogni parte di me si fa tensione
e le mani scrittura misurata.

S'apre la vaga ellissi del Volume,
sopra cui la cadenza si fa scure
che trapassa nel vivo la materia.

Ed io incido col soffio del respiro
mentre la Morte s'alza in me supina
per un connubio acceso di sospetti.

Cristo portacroce

Quando lottavo duramente il giorno
per sradicare l'ora dal mio cuore,
sola entità di tenebre, angosciosa
era questa fatica alle mie mani.

Ma non so quale leggerezza imbeve
logicamente adesso la natura
del mio corpo rinato; so che muovo
allucinato il passo alle mie pene,
sento che in me recede il rigoglioso
volume del mio sangue e che piú dolce
mi è liberare sguardi di paura.

11 novembre 1952

Il fanciullo
(statua sepolcrale)

Chi mi tolse da un ambito di pietra,
non pervenne all'esatta conoscenza
del mio assalto alla vita, ed è per questo
che io giaccio velato dietro siepi
d'alta malinconia: già mi ripiego
sul mio principio al tutto negativo.
Ma qualcosa, entro me, come il riflesso
di un corso d'acqua rapido saliente,
fa che mi attenti ancora a rimanere.
Io mi sento nel tempo svincolare
gradatamente da residui bui,
da un'astratta materia che fu madre
alla chiarezza della prima «idea».
Ma la Morte mi porge il suo richiamo
ancor troppo presente perché io
rida delle mie antiche conoscenze.
Mi sto come l'ingenuo innamorato
che trapianta su vive concubine
la sepoltura di uno strano bene...

18 ottobre 1952

Quando l'angoscia

Quando l'angoscia spande il suo colore
dentro l'anima buia
come una pennellata di vendetta,
sento il germoglio dell'antica fame
farsi timido e grigio
e morire la luce del domani.

E contro me le cose inanimate
che ho creato dapprima
vengono a rimorire dentro il seno
della mia intelligenza
avide del mio asilo e dei miei frutti,
richiedenti ricchezza ad un mendíco.

1954

V.

Da *Tu sei Pietro*
(1961)

Missione di Pietro

Quando il Signore, desolato e grigio,
ombra della Sua ombra incespicava
dentro il Suo verbo colmo di incertezza,
Pietro comparve, forte nelle braccia
e nelle membra a reggerLo nel mondo...

Quando Pietro fu solo nel peccato,
quando già rinnegava il Suo Signore
e Lo vendeva a tutti nella frode,
Dio non comparve (si era già velato
per la notte piú oscura profetata),
ma gli fece suonare dentro il cuore
le campane piú vive del riscatto.

PIETRO FU IL PRIMO A IMMERGERSI NEL SANGUE!

Da *Parte seconda*

Sogno

Lungo il tempo infinito della Grecia
quando concesso era il paradiso
alle fanciulle in tèpidi giardini
e le vestali avevano corolle
sempre accese nel grembo,
tu vivevi di già poi che veduta
t'ho nel sonno e vagante, sconcertata
urgevi già alle porte dell'amore
senza averne risposta. Ira conclusa
musica folle inetta alle fatiche
della Grecia gaudente e pur ben salda
dentro la luce enorme che ti tiene.
Sempre, Violetta, il tempo ti oscurava
dentro quella mordente nostalgia
di cose pure, nate dal pensiero
purificate al vivo nel dolore...
E sempre sola, come una puledra
di sceltissima razza, pascolando
riluttante le biade degli umani
ardi d'amore come un giglio chiuso...

Rinnovate ho per te

Rinnovate ho per te le antiche date
sino da quando l'Ellade gioiosa
si compiaceva d'ogni assurdo, cupo
seno di vergini aggiogate
allo splendido carro apollineo.
E, infuriata com'esse grido all'ara
del tuo amore perfetto
tutta la forza del mio sangue oscura.

  Tu, bellissimo Iddio che nella fronte
  reggi un gioiello di pazienza duro
  e sopporti implacabile le forme
  del mio amore vivace, tumultuoso,
  guardi alle mie incertezze come a un campo
  seminato di indocili bufere
  guardi apprensivo l'occhio del Signore.

(Ché cristiana son io ma non ricordo
dove e quando finí dentro il mio cuore
tutto quel paganesimo che vivo).

Lirica antica

Caro, dammi parole di fiducia
per te, mio uomo, l'unico che amassi
in lunghi anni di stupido terrore,
fa che le mani m'escano dal buio
incantesimo amaro che non frutta...
Sono gioielli, vedi, le mie mani,
sono un linguaggio per l'amore vivo
ma una fosca catena le ha ben chiuse
ben legate ad un ceppo. Amore mio
ho sognato di te come si sogna
della rosa e del vento,
sei purissimo, vivo, un equilibrio
astrale, ma io sono nella notte
e non posso ospitarti. Io vorrei
che tu gustassi i pascoli che in dono
ho sortiti da Dio, ma la paura
mi trattiene nemica; oso parole,
solamente parole e se tu ascolti
fiducioso il mio canto, veramente
so che ti esalterai delle mie pene.

Genesi

a Pietro De Paschale

Vorrei un figlio da te che sia una spada
lucente, come un grido di alta grazia,
che sia pietra, che sia novello Adamo,
lievito del mio sangue e che risolva
piú quietamente questa nostra sete.

Ah, se t'amo, lo grido ad ogni vento
gemmando fiori da ogni stanco ramo
e fiorita son tutta e d'ogni velo
vò scerpando il mio lutto
perché genesi sei della mia carne.

Ma il mio cuore, trafitto dall'amore
ha desiderio di mondarsi vivo.

E perciò dàmmi un figlio delicato,
un bellissimo, vergine viticcio
da allacciare al mio tronco, e tu, possente
olmo, tu padre ricco d'ogni forza pura
mieterai liete ombre alle mie luci.

E piú facile ancora

E piú facile ancora mi sarebbe
scendere a te per le piú buie scale,
quelle del desiderio che mi assalta
come lupo infecondo nella notte.

So che tu coglieresti dei miei frutti
con le mani sapienti del perdono...

E so anche che mi ami di un amore
casto, infinito, regno di tristezza...

Ma io il pianto per te l'ho levigato
giorno per giorno come luce piena
e lo rimando tacita ai miei occhi
che, se ti guardo, vivono di stelle.

No, non chiudermi ancora

No, non chiudermi ancora nel tuo abbraccio,
atterreresti in me quest'alta vena
che mi inebria dall'oggi e mi matura.

Lasciami alzare le mie forze al sole,
lascia che mi appassioni dei miei frutti,
lasciami lentamente delirare...

E poi còglimi solo e primo e sempre
nelle notti invocato e nei tuoi lacci
amorosi tu atterrami sovente
come si prende una sventata agnella...

Se avess'io

Se avess'io levità di una fanciulla
invece di codesto, torturato,
pesantissimo cuore e conoscessi
la purezza dell'acque come fossi
entro raccolta in miti-sacrifici,
spoglierei questa insipida memoria
per immergermi in te, fatto mio uomo.

Io ti debbo i racconti piú fruttuosi
della mia terra che non dà mai spiga
e ti debbo parole come l'ape
deve miele al suo fiore. Perché t'amo
caro, da sempre, prima dell'inferno
prima del paradiso, prima ancora
che io fossi buttata nell'argilla
del mio pavido corpo. Amore mio
quanto pesante è adducerti il mio carro
che io guido nel giorno dell'arsura
alle tue mille bocche di ristoro!

Io ti ho offerto il mio corpo

Io ti ho offerto il mio corpo come un moto
di gioconda tristezza
come un'acqua serena per andare:
tu mi hai creduto una rupe divina
ma non atta a ancorare la radice...

Io ti ho offerto i miei tralci, la mia voce,
la mia vite feconda
ho domandato che tu mi capissi...

Ma neppure hai cercato di baciarmi
e mi credi una venere delusa.

Nelle fervide unghie del dolore

Se il dolore m'assale e mi trattiene
nelle fervide unghie
e spossata mi sento devastare
da un orribile passo
che mi trascina e mi rovina al tutto,
gemo perché son debole, d'argilla
ma nel premere il labbro già mi cresce
dentro non so che orgoglio smisurato
per la morte apparente, di una fibra
di demonio o di angelo son fatta...

O Signore che vigili sul cuore

O Signore che vigili sul cuore
come enorme gabbiano
e ne carpisci le chimere buie
Tue magnifiche prede,
Dio della pace, quanto cibo ormai
io Ti ho offerto negli anni! Dammi un segno
di probabile quiete
sí ch'io possa risplendere da viva!

    O Amore, o Segno, fammi piú vicina
all'equilibrio esatto del mio cuore;
fa che mi ridivori nel suo centro
e che sia portatrice del mio nome
come si regge un fiore sullo stelo!

Come posso perciò trasfigurare

Come posso perciò trasfigurare
il mio volto di donna
se una mano carnale mi blandisce
nella notte e nel giorno
e mi umilia di inutili accensioni?

    Se non vuoi che mi immerga dentro un fango
    di realtà fatta piú strenua luce,
    Dio della forza gettami nel grembo
    oro e staffili per le mie preghiere...

In penitenza vivo divorata
da una magica febbre, ma Tu solo
sai come viva santamente il vate.

Dentro la Tua pietà rendimi UNA
perché è a Te che io tendo dalla vita
prima che conoscessi questi inferni.

Ho avuto un grande desiderio e strano

Ho avuto un grande desiderio e strano
di velenose foglie per saggiarvi
dentro la morte come fosse raggio
da pulire i miei giorni ed ho sperato
che chiudendole dentro la mia bocca
io chetassi il mio strazio innamorato.
Ma poi ho visto il mio orrore come denso
colorito sollievo, come perla
dura, rapita da ingemmarti il passo.
E continuo a pensartene in dovizia
di fortissimo amore perché tutto
ripassando il tuo giorno ti scampassi
dalla tristezza che su me è infinita.

Visito spesso in te

Visito spesso in te la mia dimora
che mi parrebbe un tempio se non fosse
per due dritte colonne che la regge
all'esterno siccome un trionfale
tronco di albero antico ove si posi
la finzione dell'Eden accanita.
Per aspetto
vi si potrebbe chiudere il serpente
alle sue spire come il secolare
e veloce mio attacco.
Ma tu vivi difeso dalla grazia
mentre io brucio di senso
proprio alle soglie della mia malia
ed anche a me tu rappresenti l'Angelo
quando reprimi nel tuo velo azzurro
dei bellissimi occhi
questo colore amaro di emozione.

Ti ho detto addio

Ti ho detto addio dopo che ho spesa tutta
l'amarezza dal grembo e l'ho posata
presso di te come una voce strana.
Comprendo adesso che io sono un'ombra
oltraggiosa magnifica pensosa
e che tu rarefai le mie pienezze
come si sfa la terra per rubarvi
il fortissimo seme della vita.
Tu mi hai tutta predata vorticoso
come un vento selvaggio ma di questi
assai meno pietoso e musicale.
Perciò io ti riguardo che ti assenti
mentre anch'io mi dilungo abbandonata
presso la mia mortale era di pace.

Di Vanni Scheiwiller

Io su te non ho un nome ma rammento
di dirti prima, anzi che ti giunga
nuova voce dall'alto
questa follia che non dà destino.
Come quieta fontana o soleggiato
pesce scherzoso avvolto ad una spina
come il prisma del grano che profonda
la sua attesa nel sole
prima di denudarla dentro il pane
cosí sei, religioso per tua sorte
dacché cali i tuoi spiriti pensosi
sopra le immonde piazze dei poeti.
So per me stessa tutta la visione
del tuo canto patito come neve
che ti preme d'amore alle ginocchia.
Con te unita, soffrente di una voce
di verissimo stacco, ho vigilato
presso l'albero alto
che rammemora Dio, gli Angeli, i foschi
dèmoni della nostra poesia.

VI.

La Terra Santa

(1984)

Manicomio è parola assai piú grande
delle oscure voragini del sogno,
eppur veniva qualche volta al tempo
filamento di azzurro o una canzone
lontana di usignolo o si schiudeva
la tua bocca mordendo nell'azzurro
la menzogna feroce della vita.
O una mano impietosa di malato
saliva piano sulla tua finestra
sillabando il tuo nome e finalmente
sciolto il numero immondo ritrovavi
                    tutta la serietà della tua vita.

Il manicomio è una grande cassa di risonanza
e il delirio diventa eco
l'anonimità misura,
il manicomio è il monte Sinai,
maledetto, su cui tu ricevi
le tavole di una legge
agli uomini sconosciuta.

Al cancello si aggrumano le vittime
volti nudi e perfetti
chiusi nell'ignoranza,
paradossali mani
avvinghiate ad un ferro,
e fuori il treno che passa
assolato leggero,
uno schianto di luce propria
sopra il mio margine offeso.

Pensiero, io non ho piú parole.
Ma cosa sei tu in sostanza?
qualcosa che lacrima a volte,
e a volte dà luce.
Pensiero, dove hai le radici?
Nella mia anima folle
o nel mio grembo distrutto?
Sei cosí ardito vorace,
consumi ogni distanza;
dimmi che io mi ritorca
come ha già fatto Orfeo
guardando la sua Euridice,
e cosí possa perderti
nell'antro della follia.

Un'armonia mi suona nelle vene,
allora simile a Dafne
mi trasmuto in un albero alto,
Apollo, perché tu non mi fermi.
Ma sono una Dafne
accecata dal fumo della follia,
non ho foglie né fiori;
eppure mentre mi trasmigro
nasce profonda la luce
e nella solitudine arborea
volgo una triade di Dei.

Affori, paese lontano
immerso nell'immondezza,
qui si conoscono travi
e chiavistelli e domande
e tante tante paure,
Affori, posto nuovo
che quando si conviene
ti manda il suo raggio nudo
dentro la cella muta.

Vicino al Giordano

Ore perdute invano
nei giardini del manicomio,
su e giú per quelle barriere
inferocite dai fiori,
persi tutti in un sogno
di realtà che fuggiva
buttata dietro le nostre spalle
da non so quale chimera.
E dopo un incontro
qualche malato sorride
alle false feste.
Tempo perduto in vorticosi pensieri,
assiepati dietro le sbarre
come rondini nude.
Allora abbiamo ascoltato sermoni,
abbiamo moltiplicato i pesci,
laggiú vicino al Giordano,
ma il Cristo non c'era:
dal mondo ci aveva divelti
come erbaccia obbrobriosa.

Il dottore agguerrito nella notte
viene con passi felpati alla tua sorte,
e sogghignando guarda i volti tristi
degli ammalati, quindi ti ammannisce
una pesante dose sedativa
per colmare il tuo sonno e dentro il braccio
attacca una flebo che sommuova
il tuo sangue irruente di poeta.
    Poi se ne va sicuro, devastato
    dalla sua incredibile follia
    il dottore di guardia, e tu le sbarre
    guardi nel sonno come allucinato
    e ti canti le nenie del martirio.

Gli inguini sono la forza dell'anima,
tacita, oscura,
un germoglio di foglie
da cui esce il seme del vivere.
Gli inguini sono tormento,
sono poesia e paranoia,
delirio di uomini.
Perdersi nella giungla dei sensi,
asfaltare l'anima di veleno,
ma dagli inguini può germogliare Dio
e sant'Agostino e Abelardo,
allora il miscuglio delle voci
scenderà fino alle nostre carni
a strapparci il gemito oscuro
delle nascite ultraterrestri.

Io ero un uccello
dal bianco ventre gentile,
qualcuno mi ha tagliato la gola
   per riderci sopra,
   non so.
Io ero un albatro grande
e volteggiavo sui mari.
Qualcuno ha fermato il mio viaggio,
senza nessuna carità di suono.
Ma anche distesa per terra
io canto ora per te
le mie canzoni d'amore.

Sono caduta in un profondo tranello
come dentro ad un pozzo acquitrinoso.
O chi potrà salvarmi da questa immagine scaltra
che adombra un mobile amore?
In fondo al pozzo stanno giunchiglie di ombre
e il mio urlo sovrasta le acque.
Il camaleonte gagliardo guarda dalle orride piante
questo mio precipizio segreto.

Io ho scritto per te ardue sentenze,
ho scritto per te tutto il mio declino;
ora mi anniento, e niente può salvare
la mia voce devota; solo un canto
può trasparirmi adesso dalla pelle
ed è un canto d'amore che matura
questa mia eternità senza confini.

Il nostro trionfo

Il piede della follia
è macchiato di azzurro,
con esso abbiamo migrato
sui monti dell'ascensione,
il piede della follia
non ha nulla di divino
ma la mente ci porta
lungo le ascese bianche
dove fiotta la neve
   cresce il sambuco,
   geme l'agnello;
abbiamo attraversato ponti
esaminato misure,
e quando l'ombra cupa
del delirio incombeva
sulla nuca profonda
noi chinavamo il capo
come sotto una legge,
e la legge mosaica
noi l'abbiamo composta
ricavando spezzoni
dagli altipiani chiusi;
ecco, il nostro trionfo
viene giú dalle montagne
come larga cascata;
   noi siamo restati
angeli uguali a quelli
che in un giorno d'aurora
hanno messo le ali.

Le piú belle poesie
si scrivono sopra le pietre
coi ginocchi piagati
e le menti aguzzate dal mistero.
Le piú belle poesie si scrivono
davanti a un altare vuoto,
accerchiati da agenti
della divina follia.
Cosí, pazzo criminale qual sei
tu detti versi all'umanità,
i versi della riscossa
e le bibliche profezie
e sei fratello a Giona.
Ma nella Terra Promessa
dove germinano i pomi d'oro
e l'albero della conoscenza
Dio non è mai disceso né ti ha mai maledetto.
Ma tu sí, maledici
ora per ora il tuo canto
perché sei sceso nel limbo,
dove aspiri l'assenzio
di una sopravvivenza negata.

Quiètati erba dolce
che sali dalla terra,
non suonare la tenera armonia
delle cose viventi,
mordi la tua misura
perché il mio cuore è triste
non può dare armonia.

Quiètati erba verde
non salire sui fossi
col tuo canto di luce,
oh rimani sotterra
nuda dentro il tuo seme
com'io faccio e non do
erba di una parola.

Forse bisogna essere morsi
    da un'ape velenosa
    per mandare messaggi
    e pregare le pietre
        che ti mandino luce;
        per questo io sono scesa
        nei giardini del manicomio,
        per questo di notte saltavo
        i recinti vietati
        e rubavo tutte le rose
        e poi...
        prima di morire al mio giorno
        o notte, o lunga notte
        di solitudine assente,
        o devastati giardini
        dove io sola vivevo
        perché l'indomani sarei
        morta ancora di orrore
        ma la sera, oh la sera
        nei giardini del manicomio
        a volte io facevo all'amore
        con uno disperato come me
        in una grotta di orrore.

Quando sono entrata
    tre occhi mi hanno raccolto
    dentro le loro sfere,
    tre occhi duri impazziti
    di malate dementi:
allora io ho perso i sensi
ho capito che quel lago
azzurro era uno stagno
melmoso di triti rifiuti
in cui sarei affogata.

Tangenziale dell'ovest

Tangenziale dell'ovest,
scendi dai tuoi vertici profondi,
squarta questi ponti di rovina,
allunga il passo e rimuovi
le antiche macerie della Porta,
sicché si tendano gli ampi valloni
e la campagna si schiuda.
Tangenziale dell'ovest,
queste acque amare debbono morire,
non vi veleggia alcuno, né lontano
senti il rimbombo del risanamento,
butta questi ponti di squarcio
dove pittori isolati
muoiono un mutamento;
qui la nuda ringhiera che ti afferra
è una parabola d'oriente
accecata dal masochismo,
qui non pullula alcuna scienza,
ma muore tutto putrefatto conciso
con una lama di crimine azzurro
con un bisturi folle
che fa di questi paraggi
la continuazione dell'ovest,
dove germina Villa Fiorita[1].

[1] Manicomio milanese.

La luna s'apre nei giardini del manicomio,
qualche malato sospira,
    mano nella tasca nuda.
        La luna chiede tormento
        e chiede sangue ai reclusi:
    ho visto un malato
    morire dissanguato
        sotto la luna accesa.

Canzone in memoriam

Il vento penetrerà le querce
(fino a quando durerà il mio messaggio?)
ma se io non scrivo piú?
Il vento squassa le nostre ombre
su e giú per i pendii,
lungo i parabrezza delle nuvole
dove risuona la catena dell'aldilà.
Ebbene io verrò a cercarti,
madre mia benedetta,
su in cima alle colline,
sulle cime tempestose del Sinai.
     Perché tu eri la mia legge,
     la mia dottrina,
     tu sapevi aprire ogni parola
     e trovavi dentro il seme.
Ecco, ora parlo, parlo
forse una lingua blasfema
e intanto tu continui a morire
sotto la terra sotto il cardo.
Giorno per giorno muori
perché io non vengo a cercarti,
ma mi farò un bastone adatto
il bastone di Aligi,
verrò con te sulle montagne
perché tu abiti alto
e insieme cominceremo il coro
il vero famigliare assoluto
coro che ci disintegra la bocca.

Laggiú dove morivano i dannati
    nell'inferno decadente e folle
    nel manicomio infinito,
    dove le membra intorpidite
    si avvoltolavano nei lini
    come in un sudario semita,
        laggiú dove le ombre del trapasso
        ti lambivano i piedi nudi
        usciti di sotto le lenzuola,
        e le fascette torride
        ti solcavano i polsi e anche le mani,
        e odoravi di feci,
            laggiú, nel manicomio
            facile era traslare
            toccare il paradiso.
                Lo facevi con la mente affocata,
                con le mani molli di sudore,
                col pene alzato nell'aria
                come una sconcezza per Dio,
                laggiú nel manicomio
                dove le urla venivano attutite
                da sanguinari cuscini
                    laggiú tu vedevi Iddio
                    non so, tra le traslucide idee
                    della tua grande follia.
                    Iddio ti compariva
                    e il tuo corpo andava in briciole,
                    delle briciole bionde e odorose
                    che scendevano a devastare
                    sciami di rondini improvvise.

Cessato è finalmente questo inferno,
già da gran tempo, ormai la primavera:
l'indole giusta
del sonno mi risale le caviglie
mi colpisce la testa come un tuono.
Finalmente la pace,
i miei fianchi e la mia mente vinta,
ed io riposo giusta sui declivi
della mia sorte almeno per quell'ora
che mi divide dall'infame aurora.

Le parole di Aronne

Le parole di Aronne
erano un caldo pensiero,
un balsamo sulle ferite
degli ebrei sofferenti;
    a noi nessuno parlava
se non con calci e pugni,
a noi nessuno dava la manna.
Le parole di Aronne
erano come spighe,
crescevano nel deserto
dove fioriva la fede;
    da noi nulla fioriva
se non la smorta pietà
di chi ci stava vicino
e il veto antico ancestrale
dei paludati d'inferno.
A noi nessuno parlava;
eppure eravamo turbe,
turbe golose assetate
di bianchi pensieri.
Lí dentro nessuno
orava piangendo
sulla barba del vecchio Profeta
e Mosè non sprofondò mai
nel nostro inferno leggiadro
con le sue leggi di pietra.

Io sono certa che nulla piú soffocherà la mia rima,
il silenzio l'ho tenuto chiuso per anni nella gola
come una trappola da sacrificio,
    è quindi venuto il momento di cantare
una esequie al passato.

Ogni mattina il mio stelo vorrebbe levarsi nel vento
soffiato ebrietudine di vita,
ma qualcosa lo tiene a terra,
una lunga pesante catena d'angoscia
che non si dissolve.
Allora mi alzo dal letto
e cerco un riquadro di vento
e trovo uno scacco di sole
entro il quale poggio i piedi nudi.
Di questa grazia segreta
dopo non avrò memoria
perché anche la malattia ha un senso
una dismisura, un passo,
anche la malattia è matrice di vita.
Ecco, sto qui in ginocchio
aspettando che un angelo mi sfiori
leggermente con grazia,
e intanto accarezzo i miei piedi pallidi
con le dita vogliose di amore.

La Terra Santa

Ho conosciuto Gerico,
        ho avuto anch'io la mia Palestina,
le mura del manicomio
        erano le mura di Gerico
    e una pozza di acqua infettata
    ci ha battezzati tutti.
    Lí dentro eravamo ebrei
    e i Farisei erano in alto
    e c'era anche il Messia
        confuso dentro la folla:
    un pazzo che urlava al Cielo
        tutto il suo amore in Dio.

    Noi tutti, branco di asceti
    eravamo come gli uccelli
        e ogni tanto una rete
    oscura ci imprigionava
    ma andavamo verso la messe,
    la messe di nostro Signore
    e Cristo il Salvatore.

Fummo lavati e sepolti,
odoravamo di incenso.
    E dopo, quando amavamo
ci facevano gli elettrochoc
perché, dicevano, un pazzo
non può amare nessuno.

Ma un giorno da dentro l'avello
anch'io mi sono ridestata
e anch'io come Gesú
ho avuto la mia resurrezione,
ma non sono salita ai cieli
sono discesa all'inferno
da dove riguardo stupita
   le mura di Gerico antica.

Le dune del canto si sono chiuse,
   o dannata magia dell'universo,
che tutto può sopra una molle sfera.
   Non venire tu quindi al mio passato,
non aprirai dei delta vorticosi,
   delle piaghe latenti, degli accessi
alle scale che mobili si dànno
   sopra la balaustra del declino;
   resta, potresti anche essere Orfeo
che mi viene a ritogliere dal nulla,
   resta o mio ardito e sommo cavaliere,
   io patisco la luce, nelle ombre
sono regina ma fuori nel mondo
   potrei essere morta e tu lo sai
lo smarrimento che mi prende pieno
quando io vedo un albero sicuro.

Rivolta

Mi hai reso qualcosa d'ottuso,
una foresta pietrificata,
una che non può piangere
per le maternità disfatte.
Mi hai reso una foresta
dove serpeggiano serpi velenose
e la jena è in agguato,
perché io ero una ninfa
innamorata e gentile,
e avevo dei morbidi cuccioli.
Ma le mie unghie assetate
scavano nette la terra,
cosí io Medusa
fissa ti guardo negli occhi.
Io esperta sognatrice
che anche adesso mi rifugio in un letto
ammantata di lutto
per non sentire piú la carne.

Toeletta

La triste toeletta del mattino,
corpi delusi, carni deludenti,
attorno al lavabo
il nero puzzo delle cose infami.
Oh, questo tremolar di oscene carni,
questo freddo oscuro
e il cadere piú inumano
d'una malata sopra il pavimento.
Questo l'ingorgo che la stratosfera
mai conoscerà, questa l'infamia
dei corpi nudi messi a divampare
sotto la luce atavica dell'uomo.

Corpo, ludibrio grigio
con le tue scarlatte voglie,
fino a quando mi imprigionerai?
Anima circonflessa,
circonfusa e incapace,
anima circoncisa,
che fai distesa nel corpo?

Viene il mattino azzurro
nel nostro padiglione:
sulle panche di sole
e di crudissimo legno
siedono gli ammalati,
non hanno nulla da dire,
odorano anch'essi di legno,
non hanno ossa né vita,
stan lí con le mani
inchiodate nel grembo
a guardare fissi la terra.

I versi sono polvere chiusa
di un mio tormento d'amore,
ma fuori l'aria è corretta,
mutevole e dolce ed il sole
ti parla di care promesse,
così quando scrivo
chino il capo nella polvere
e anelo il vento, il sole,
e la mia pelle di donna
contro la pelle di un uomo.

a E.P.

Tu eri la verità, il mio confine,
    la mia debole rete,
    ma mi sono schiantata
contro l'albero del bene e del male,
    ho mangiato anch'io la mela
    della tua onnipresenza
    e ne sono riuscita
        vuota di ogni sapienza,
   perché tu eri la mia dottrina,
  e il calice della tua vita
sfiorava tutte le rose.
    Ora ti sei confusa
    con gli oscuri argomenti della lira
    ma invano soffochi la tua voce
    nelle radici-spirali degli alberi,
    invano getti gemiti
    da sotto la terra,
        perché io verrò a cercarti
        scaverò il tuo fermento,
        madre, cercherò negli spiriti
        quello piú chiaro e piú fermo,
        colui che aveva i tuoi occhi
        e la tua limpida voce
        e il tuo dolce coraggio
            fatto soltanto di stelle.

Abbiamo le nostre notti insonni...

I poeti conclamano il vero,
potrebbero essere dittatori
e forse anche profeti,
perché dobbiamo schiacciarli
contro un muro arroventato?
Eppure i poeti sono inermi,
l'algebra dolce del nostro destino.
    Hanno un corpo per tutti
    e una universale memoria,
    perché dobbiamo estirparli
    come si sradica l'erba impura?
Abbiamo le nostre notti insonni,
le mille malagevoli rovine
e il pallore delle estasi di sera,
abbiamo bambole di fuoco
cosí come Coppelia
e abbiamo esseri turgidi di male
che ci infettano il cuore e le reni
perché non ci arrendiamo...
    Lasciamoli al loro linguaggio, l'esempio
    del loro vivere nudo
    ci sosterrà fino alla fine del mondo
    quando prenderanno le trombe
    e suoneranno per noi.

Ieri ho sofferto il dolore,
non sapevo che avesse una faccia sanguigna,
le labbra di metallo dure,
una mancanza netta d'orizzonti.
Il dolore è senza domani
è un muso di cavallo che blocca
i garretti possenti,
ma ieri sono caduta in basso,
le mie labbra si sono chiuse
e lo spavento è entrato nel mio petto
con un sibilo fondo
e le fontane hanno cessato di fiorire,
la loro tenera acqua
era soltanto un mare di dolore
in cui naufragavo dormendo,
ma anche allora avevo paura
degli angeli eterni.
Ma se sono cosí dolci e costanti
perché l'immobilità mi fa terrore?

Ancora un mattino senza colore
un mattino inesausto pieno
come una mela cotogna,
come il melograno di Dio,
un mattino che odori di felci
e di galoppate nei boschi,
ma non ci saranno né felci
né cavalli prorompenti in luce,
questo dolce mattino
porterà in fronte il sigillo
delle mie decadenze...

Ho acceso un falò
nelle mie notti di luna
per richiamare gli ospiti
come fanno le prostitute
ai bordi di certe strade,
ma nessuno si è fermato a guardare
e il mio falò si è spento.

Ah se almeno potessi,
    suscitare l'amore
  come pendio sicuro al mio destino!
E adagiare il respiro
    fitto dentro le foglie
e ritogliere il senso alla natura!
    O se solo potessi
    toccar con dita tremule la luce
    quella gagliarda che ci sboccia in seno,
    corpo astrale del nostro viver solo
    pur rimanendo pietra, inizio, sponda
        tangibile agli dèi...
    e violare i piú chiusi paradisi
    solo con la sostanza dell'affetto.

La pelle nuda fremente,
che di notte raccoglie i sogni,
    la tua pelle nuda e fremente,
    che vive senza emozioni
    paga soltanto del mondo,
    che la circonda indifeso,
    la tua pelle non è profonda,
    resta soltanto una resa:
    una resa a un corpo malato
    che nella notte sprofonda,
    un grido tuo disperato,
    a quello che ti circonda.
    La tua pelle che fa silenzio,
    e lievita piano l'ora,
    la tua pelle di dolce assenzio
    forse può darti l'aurora,
    l'aurora tetra e gentile
    di un primo canto di aprile.

Il mio primo trafugamento di madre
avvenne in una notte d'estate
quando un pazzo mi prese
e mi adagiò sopra l'erba
e mi fece concepire un figlio.
O mai la luna gridò cosí tanto
contro le stelle offese,
e mai gridarono tanto i miei visceri,
né il Signore volse mai il capo all'indietro
come in quell'istante preciso
vedendo la mia verginità di madre
offesa dentro a un ludibrio.
Il mio primo trafugamento di donna
avvenne in un angolo oscuro
sotto il calore impetuoso del sesso,
ma nacque una bimba gentile
con un sorriso dolcissimo
e tutto fu perdonato.
Ma io non perdonerò mai
e quel bimbo mi fu tolto dal grembo
e affidato a mani piú «sante»,
ma fui io ad essere oltraggiata,
io che salii sopra i cieli
per avere concepito una genesi.

VII.

Poesie per Charles
(inedite sino al 1991)

Charles Charlot Charcot,
      rimembranza dolce,
vieni tu dall'Andalusia,
      vieni tu dal miraggio segreto
del florilegio dei sensi?
      Charles, Charcot,
      tu che hai nel duro cappello
      le melodie del gioco,
sei giocoliere o amante?

Una volta ti dissi:
    non arrabbiarti, amore,
s'io sono diversa.
    Forse sono una colonna di fumo,
    ma la legna che sotto di me arde
    è la legna dorata dei boschi,
e tu non hai voluto ascoltarmi.
Guardavi la mia pelle candida
con l'incredulità di un sacerdote,
    e volevi affondarvi il coltello
    e cosí la tua vittima è morta
sotto il peso della tua stoltezza,
    o malaccorto amore.

Prendevo in giro l'ebrietà della forma
    e sapevo che ero di lutto,
    eppure il lutto mi doleva dentro
    con la dolcezza di uno sparviero.
Quante volte fui scoperta e mangiata,
quante volte servii di pasto agli empi;
    e anche tu adesso sei empio,
    o mio corollario di amore.
Dov'è la tua religione
    per la mia povera croce?

Ogni giorno che passa
       fiorisce un usignolo
       di bel canto sul ramo,
    che fa qualche richiamo
    modesto richiamo
       alla povera vita,
usignolo che canta
di povertà infinita.
Ogni giorno che passa
alza questo sipario
di perpetua baldanza
       ed ecco il calendario
       della vita che passa.
Ogni giorno è una zolla
che rimuove la terra
ma piantarvi il tuo seme
       che fatica superba!

Il ritmo ottunde le mie povere idee,
a me piacciono i revivals dei negri,
la loro segreta esuberanza:
se fossi vissuta in Africa,
avrei danzato attorno a un fuoco
dicendo ch'era il mio Dio.
Poiché son nata in Italia,
ballo intorno al tuo corpo
la danza dello stregone
affinché tu risorga
a risanarmi l'anima.
Ma nessuno che mi accompagni
con cembali o trombe dorate;
forse soltanto gli angeli
hanno pietà di un carme solitario.

Ho vergogna delle notti che hanno invaso il piacere,
vergogna di me stessa e paura,
che possa ancora ripetersi
che io diventi acqua
e che tu mi beva dal limbo
della tua luce segreta.
O ruscelletto mio, accorta voragine di sogno,
paradiso tremulo dei miei carmi,
portami alla tua serra,
che io muoia del profumo dei fiori,
irripetibile terra
di un amore ferito.

O il veleggiare del tuo caldo pensiero
sopra la mia parola
          e il tuo dormire selvaggio
          accanto al mio seno vivo;
o l'adombrarsi della primavera
quando cade il suono del seme
sulla terra feconda di parola.
Cosí tu sei l'esempio
          del sole mio.

Non vedrò mai Taranto bella
non vedrò mai le betulle
né la foresta marina:
l'onda è pietrificata
e le piovre mi pulsano negli occhi...
Sei venuto tu, amore mio,
in una insenatura di fiume,
hai fermato il mio corso
e non vedrò mai Taranto azzurra,
e il mare Ionio suonerà le mie esequie.

Le osterie

A me piacciono gli anfratti bui
    delle osterie dormienti,
dove la gente culmina nell'eccesso del canto,
a me piacciono le cose bestemmiate e leggere,
    e i calici di vino profondi,
    dove la mente esulta,
    livello di magico pensiero.
Troppo sciocco è piangere sopra un amore perduto
    malvissuto e scostante,
meglio l'acre vapore del vino
    indenne,
meglio l'ubriacatura del genio,
    meglio sí meglio
l'indagine sorda delle scorrevolezze di vite;
    io amo le osterie
che parlano il linguaggio sottile
    della lingua di Bacco,
    e poi nelle osterie
    ci sta il nome di Charles
    scritto a caratteri d'oro.

La casa non geme piú
    sotto lo scricchiolio dei tuoi passi,
la casa non geme piú
      e datemi dei rumori
      dei rumori pesanti
datemi i rumori di Charles; datemi il suo pensiero
      e il suo lento fuggire.
Ridatemi i rumori
      della sua carne perfetta.

Io sono folle, folle,
      folle di amore per te.
Io gemo di tenerezza
      perché sono folle, folle,
      perché ti ho perduto.
Stamane il mattino era sí caldo
      che a me dettava questa confusione,
ma io ero malata di tormento
ero malata di tua perdizione.

O poesia, non venirmi addosso,
    sei come una montagna pesante,
    mi schiacci come un moscerino;
poesia, non schiacciarmi,
l'insetto è alacre e insonne,
scalpita dentro la rete,
poesia, ho tanta paura,
    non saltarmi addosso, ti prego.

VIII.

Per Michele Pierri

(inedite sino al 1991)

Lettera a Michele Pierri

Tu mi parli della tua vita e dell'angelo
    che ha lasciato in te il profumo della presenza,
tu mi parli di solitudini
    e di antiche montagne di memorie
e non sai che in me risvegli la vita,
    non sai che in me risvegli l'amore,
parlandomi di una donna.
Io penso a quella che fui
    quando morii mill'anni or sono
e adesso tua discepola e canto,
    scendo giú fino al Golfo
    a toccare la tua ombra superba,
      o stanco poeta d'amore
    fissato a una lunga croce.

Il canto dello sposo

Forse tu hai dentro il tuo corpo
   un seme di grande ragione,
ma le tue labbra gaudenti
     che sanno di tanta ironia
     hanno morso piú baci
       di quanto ne voglia il Signore,
     come si morde una mela
       al colmo della pienezza.
E le tue mani roventi
     nude, di maschio deciso
     hanno dato piú abbracci
     di quanto ne valga una messe,
     eppure il mio cuore ti canta,
       o sposo novello
       eppure in me è la sorpresa
       di averti accanto a morire
       dopo che un fiume di vita
       ti ha spinto all'argine pieno.

Non voglio che tu muoia

Non voglio che tu muoia, no.
Se tu tremassi nella morte,
io cadrei come una foglia al vento,
eppure con le mie grida e i miei sospiri
io ti uccido ogni giorno;
ogni giorno accelero la tua morte,
sperando che anche per me sia la fine
e mi domando dove Dio stia
in tanta collisione di anime,
come permetta questo odio senza rispetto,
    e brancolo nel buio della follia
    cercando il tentacolo della scienza.

A Michele Pierri

Amore, perdonami: sono brutale e vorrei ungerti d'olio,
ti perseguito e vorrei
che davanti a te io fossi un tappeto,
ti amo e mi recludo nel mio silenzio,
    ma ho paura, paura di me stessa,
        di questi gigli orrendi di fame e di fango
        che crescono nella mia mente.
I tuoi figli non mi perdonano
e divorano la mia anima, i tuoi figli sono divoratori,
eppure io che sono madre
sazierò le loro bocche violente
perché non arrivino mai al nostro amore,
a dividere la nostra infamia segreta
di poeti malevissuti nel mondo.

Io non sarò piú libera come un uccello,
    dacché tu te ne sei andato
    e hai legato le ali con le piume
del tuo passaggio segreto.
    Liberami, amore mio,
che conosca la tangenziale dell'Ovest,
    ancora,
che conosca i tripudi delle strade,
l'assenteismo del canto.
    Liberami, amore mio,
da questa molestissima pece,
che è il sudore della tua morte
        impresso sulle mie carni.

Elegia

O la natura degli angeli azzurri,
i cerchi delle loro ali felici,
ne vidi mai nei miei sogni?
   O sí, quando ti amai,
   quando ho desiderato di averti,
o i pinnacoli dolci del paradiso,
   le selve del turbamento,
quando io vi entrai anima aperta,
   lacerata di amore,
o i sintomi degli angeli di Dio,
   i dolorosi tornaconti del cuore.
Anima aperta, ripara le ali:
   io viaggio dentro l'immenso
e l'immenso turba le mie ciglia.
   Ho visto un angelo dolce
   ghermire il tuo dolce riso
   e portarmelo nella bocca.

Non guardarti allo specchio

Non guardarti allo specchio,
potresti vedere i solchi delle passate avventure,
    e l'idra del tuo comando.
Perché vuoi saggiare i dolci colli di ardore,
    cosí come le mimose del tempo,
    e il tuo correre sopra i colli
    aspettando l'unico amore?
L'amore ahimè ti ha tradito
per un pugno di conoscenza,
    per amore delle parole altrui.
    Perciò, Alda, non guardarti allo specchio;
    scopriresti che dietro di te non hai una spalla pura,
la spalla su cui volgeva il sangue
    o la faccia di un tempo infelice.
    Dietro di te è il nulla, una tomba
    che grida sopra il destino.
Dietro di te è la mano circospetta dell'Angelo,
    che ti inganna, ti inganna da sempre,
parlando a te dell'Annunciazione.

IX.

La gazza ladra

Venti ritratti
(inediti sino al 1991)

Saffo

O diletta, da cui compitai il mio lungo commento,
o donna straordinaria vela che adduci ad un porto
o storica magia o dolce amara
essenza delle muse coronate
di viole e fiori, viola pur tu stessa,
perché mai l'abbacinante sgomento
di un amore ingiustamente negato?

Archiloco

Sapiente tessitore di frodi
e di frasi sparate a zero
ma umile fior di loto:
davanti a una fanciulla
diventavi un millepiedi felice
abbandonavi anche l'umanità.

Gaspara Stampa

Inutile dare le proprie confetture a una bocca amara,
Gaspara, e le tue grazie che incantavano anche le muse
a un misero cacciatore di frutti
a un saltatore di piante,
per questo inaudito errore tu invocasti la morte
che ti ridesse la tua dignità.

Emily Dickinson

Emily Dickinson patentata quacquera,
inutile mettere muri tra te e le parole
e le svenevolezze della sorella
pronte ai tuoi inverosimili deliqui.
La forza si immette nella forza
la spada dentro la terra.

Plath

Povera Plath troppo alta per le miserie della terra,
meglio certamente la morte
e un forno crematorio
alle continue bruciature del vento,
meglio Silvia l'avveniristica impresa
di una donna che voleva essere donna
che è stata scalpitata da un uomo femmina.

Montale

Maria Luisa fu il tuo gingillo felice
vi ci giocasti la senilità.

Betocchi

O tu finalmente salvo,
uomo che ti rifiuti
semplice come madonna
non mai effeminato che trascini
la tua parlata fiorentina in mensa
in mezzo ai muratori, solo tu
vero cristiano.

Turoldo

Leone religioso, certamente
cariatide che ringhia su colonne
di canto, certamente il piú maestoso
ma certamente anche il meno festoso.

Quasimodo

Uomo sapiente, vaso di argilla
e d'oro, che all'interno avevi il confetto
del sentimento tuo siciliano,
uno scrigno di indomita dovizia
un patriarca senza mai l'amore
dei figli.

Manganelli

Mi sembravi una foca, Manganelli,
bonaria giocherellona
che invitava i bambini nello zoo,
eri grasso e facondo,
ma quella buffoneria animalesca
nascondeva sapientemente l'ingegno dell'io,
maestro di un'epoca intera.

Alda Merini

Amai teneramente dei dolcissimi amanti
senza che essi sapessero mai nulla.
E su questi intessei tele di ragno
e fui preda della mia stessa materia.
In me l'anima c'era della meretrice
della santa della sanguinaria e dell'ipocrita.
Molti diedero al mio modo di vivere un nome
e fui soltanto una isterica.

Il pastrano

Un certo pastrano abitò lungo tempo in casa
era un pastrano di lana buona
un pettinato leggero
un pastrano di molte fatture
vissuto e rivoltato mille volte
era il disegno del nostro babbo
la sua sagoma ora assorta ed ora felice.
Appeso a un cappio o al portabiti
assumeva un'aria sconfitta:
traverso quell'antico pastrano
ho conosciuto i segreti di mio padre
vivendolo cosí, nell'ombra.

Il grembiule

Mia madre invece aveva un vecchio grembiule
per la festa e il lavoro,
a lui si consolava vivendo.
In quel grembiule noi trovammo ristoro
fu dato agli straccivendoli
dopo la morte, ma un barbone
riconoscendone la maternità
ne fece un molle cuscino
per le sue esequie vive.

A Mario[1]

Se ti dicessi che ti amo
direi una infame bestemmia
perché i fratelli non si amano mai
eppure è vero; nel fuoco dell'arte
abbiamo un amore in comune,
questo non posso dimenticarlo
e dirti «ti amo» per un poeta
assume un significato diverso
dal volgere umano delle cose.
Amo i tuoi orizzonti impossibili
la tua coscienza perfetta
il tuo volgere ad ogni stagione,
la tua pennellata distratta
la tua fiducia in te,
che è in fondo l'umiltà del Cristo
che pure era figlio del Padre.

[1] Figlio di Michele Pierri e pittore.

Il curato

Ormai anche tu parli il dialetto del nostro paese
e annoveri prostitute
insieme a molte gestanti,
anche tu hai fatto un compromesso tra il bene
ed il male,
anche tu dài una mano al diavolo e una a Dio,
ma se ti parlo di teologia
lí fai cadere la frode.

Padre Camillo[1]

Hai vissuto male la fede traverso la tua bellezza
o forse trovasti la fede proprio perché eri bello.
Che congiunzione strana, e poi l'amore dei libri
specchio meraviglioso delle tue grandi distanze,
fosti povero o fosti profeta, non potrei dirlo,
amasti molti poeti come tuoi unici figli
di questa tua debolezza fosti incriminato.
   Che ossatura di riposo Camillo,
i poeti, che asperità nomadi!

[1] Il sacerdote che celebrò le nozze di Alda Merini con Ettore Carniti.

Violetta Besesti

Facevi l'astrologa coronata da grandi boa di struzzo,
avesti in dono il primo manifesto del Futurismo,
io stessa custodii l'arcano delle tue regole
e in casa mia ospitai i tuoi molti monili.
Eri una signora di nascita ma eri
tumefatta dall'ozio:
ti amai perdutamente perché mi avevi calamitata
ma un giorno mi dicesti «tu mi pensi, io sento
sento la tua iperbole poetica che mi rovina».

Paolo Bonomini

Eppure Paolo quanto tu mi hai amato,
ricordo la tua itterizia
per non avermi incontrata un giorno,
e io che giovane non capii che cosa il desiderio fosse
e mi lasciasti cosí per un posto di oscuro banchiere,
tu stesso divenuto oscuro per il mio disarmo.

L'ospite

Ti sei presentato una sera ubriaco
sollevando l'audace gesto
di chi vuole fare cadere una donna
nel proprio tranello oscuro
e io non ti ho creduto
profittatore infingardo.
Sulla mia buona fede
avresti lasciato cadere il tuo inguine sporco;
per tanta tua malizia
hai commesso un reato morto.

A Paola[1]

Non ho mai visto un rigoglio di rosa pura
cosí come tu sei
bionda come la musa,
distratta svenevole un pochino narcisa
e in fondo tanto adorabile.
Ma perché la giovinezza non protegge i suoi giorni
oltre lo scoglio della saggezza?
Ben piú saggia è la polvere che solleva la bionda
dal fuoco anatomico dell'inferno,
ben piú saggia se tu non sai nulla di nulla
se non delle tue prove scritte,
misere prove ahimè
in confronto dei salti della vita.

[1] Nipote di Michele Pierri.

X.

Da *Le satire della Ripa*
(1983)

Cesare amò Cleopatra,
io amo Pierri divino
che non conduce nessuna guerra,
che è solo condottiero di nostalgia,
ma il mio letto povero
giace nel solstizio d'estate
ed è un audace triclinio
quando lui a sera in vena d'amore
mi dice parole di patriottismo segreto.

E perciò non ti chiamerò al telefono
né avrò bisogno delle tue vene che pulsano
il dolore prosciuga tutto
il dolore è un anello sponsale
ti sposa nella dolcezza
e nella verecondia feroce,
io oggi mi sono sposata al dolore,
mi sono divisa da te.

XI

Da *La palude di Manganelli
o Il monarca del re*

(1992)

Manganelli sul Naviglio

Il Naviglio è un rettilineo ben strano, che non permette alcuna scansione. Sembra qualche cosa di sinuoso e fervido ma, invece, è lugubre, perentorio, ripetitivo. Il Sud ha portato qui i suoi orari strambi. Di solito ci si addormenta quando è ora di alzarsi.

Io sono novembrina, nel senso che amo le foglie sparse per terra, gli autunni celeri, quelli che incantano finalmente il sole e lo fermano nel suo girovagare quotidiano. La tenebra è sempre stata la mia luce.

Forzatamente cerco i colori delle passate avventure, giocando stancamente sui vetri con i ricordi di lui, con i ricordi di lei. Molte donne e molti uomini si sono avvicendati nella mia vita. Hanno depositato il loro sacco ai miei piedi, a volte pieno di fortuna, a volte disgraziatamente povero. Ognuno di questi uomini, amanti, mi ha regalato la sua povertà, la sua ricchezza. Tutti erano stranamente biondi come mio padre.

Anche Manganelli era biondo, un biondo sottile, un biondo fanciullo. Aveva la pelle di un certo colore di pesca, come se fosse stato estremamente giovane: il mio solo, virtuale ragazzo di tutta la vita. Manganelli veniva a vedermi sul Naviglio. Mi vedeva nascere di lontano, come un puntino piccolo piccolo che trasvolava diritto nelle sue braccia capaci. Era una grande madre, una grande sorella. Ricordo i suoi baci ardenti, quel suo cercarmi le tempie, quel suo imbrattarmi l'abito della festa con le labbra sporche di briciole di pasticcini. Io stessa ero il suo pasticcino privato. Intanto mi portava rose e bon bon e un leggerissimo pacchetto sigillato di sigarette Eva per sole signorine.

Improvvisamente, dietro di me

Improvvisamente, dietro di me,
un re espone la sua corte:
ha mille coltelli per banchetti felici,
ma io non vi siedo,
preferisco rimanere in disparte
a godere i piaceri della Bibbia.
Questa solitudine, amore,
fu il tuo piú grande stupore
quando, ardente sopra falsi manichei,
hai dato fuoco alla vita
senza capire che ero soltanto io
la vicenda piú grande per te
e che adesso ardo di grande fede
su incorruttibili roghi.

Lettera di raccomandazione

Mi sono raccomandata a tutti:
a Titano, a me stessa, a Dagoberto,
agli occhi miracolosi di Fabrizio.
Ho divorato calunnie, mangiato carni.
Ho divorato i miei stessi denti per dirmi:
«La poesia è un fiore, non va calpestata».
Cosí, Manganelli, incerto nelle tue lacrime
come nel tuo sorriso,
sappi che Lancillotto aveva una spada
e che per salvare Ginevra
occorreva un sequestro d'amore.

Correre insieme a te

Correre insieme a te
come se avessi vent'anni
e tu che ti vendi
in nome di un unico libro,
raccolto nella cultura atroce
che vanta mille follie.
Poi, adagio, buttarsi
contro fastelli di luce
e tu che mi dici:
«Io ho tradotto
quei *Nutrimenti terrestri*».
Gide, il tuo maestro di oggi,
quello che tu dimentichi
quando traduci l'amore.

Ti vorrei parlare, Giorgio

Ti vorrei parlare, Giorgio,
di certi solchi di neve,
di certi fondali di teatro,
di certe rappresentazioni demenziali,
ma lei è tornata
e posso solo specchiarmi
nella sua follia
e capire finalmente
che ne sono responsabile
io sola
e che io sola posso servirti.
Tu capisci le mie parole,
il mio linguaggio non ti è nuovo:
forse adesso, Giorgio,
ti farebbe pena
vedermi vendere per un panino
un concetto di poesia,
una rappresaglia d'amore.
L'eco dei nostri dialoghi
non è ancora spenta,
ma le virtú dell'amore
sono andate perdute.
Cosí, per vedere la tua prima,
e la tua ultima donna,
hai preso la prima stesura,
e ultimo miraggio:
mi hai trovata calda
di mille carezze,

irrimediabilmente lucida
e questo, amor mio,
ti ha fatto piangere a lungo,
proprio questo, amor mio,
ti ha fatto morire.

Nessuno riesce

Nessuno riesce
a strapparti dal cuore
questa brutta
gramigna del ricordo.
Per sfuggire al ricordo
tu scivoli,
scivoli nella palude.
Ma, Giorgio,
una cosí grande passione
non sarebbe mai nata
se non ci fossero stati
esseri malvagi e cattivi.
Qualcuno di loro,
con un'assurda Lambretta,
ci ha attraversato la strada
travolgendo per sempre
le nostre due anime
che salivano la collina
per guardarsi in viso
o per non ritrovarsi mai piú.
Il tuo amore mi ha lasciata povera,
ma non volevo nient'altro.
Sono difficili da comunicare
quelle libere vocazioni:
tanto che se ne dica,
io e te siamo stati
due monaci malandrini
nel salace convento della scrittura.

La battaglia di Manganelli

La battaglia di Manganelli
fu spericolata:
ingaggiò mille gendarmi
e un dicitore di fole.
Vedendomi bambina
cominciò a dirmi
che forse avrei conosciuto
il metallo di una vita
piú vera, migliore.
Mi risvegliai fiorita,
di colpo in manicomio.

Il gergo di Manganelli

Oh, lui parlava fitto e innamorato
come una rondine stellata,
pieno di germi d'addio.
Era un linguaggio provenzale
con una cadenza andalusa
e con le mani sfiorava i miei libri,
invece del volto, e diceva:
«Che strano frumento
ti cresce nei capelli».
Allora, con la falce del viso,
tentava di mietermi il sorriso
finché finimmo
nel gergo della passione.

Otello

Otello, Otello dalla voce rossa,
quaggiú non è piú tempo di riscossa;
dalle verdi vallate della morte
alla tua sposa tu hai cambiato sorte.
Cerco l'ombra degli inferi profonda
e la palude mi diventa bionda;
altra donna ti è accanto,
altra natura
e tu mi hai rinchiuso nelle scaltre mura.

Scesi dentro l'attico romano

Scesi dentro l'attico romano
e ho trovato te, grande sovrano.
O che mole e che ellisse furibonda,
mi sono sciolta tale e quale un'onda
e vagavi vagavi nel giardino,
eri distante ma a me tanto vicino,
ma poi che vidi quel fraterno fosso
io feci sufolo del tuo osso,
divina ridondanza musicale.
Tu colpisti con fraterno strale
e lo strale, sí gelido e appuntito,
o strano a dirsi, mi ferí nel dito.
M'addormentai per dieci lunghi anni
riempiendoti d'onori e grandi affanni.

A Giorgio Manganelli

Molta gente mi ha
domandato di te,
come se fosse possibile
domandare a un morto
che cos'era in vita.
Non eri nulla.
Anch'io,
quando chiedono se sono una poetessa,
mi vergogno,
mi vergogno in modo amabile e gentile,
come tu ti vergogni di «essere» la poesia
e la vita.
Giorgio, non sono un valzer,
e se l'opera d'arte casualmente lo è,
è semmai come il valzer triste di Sibelius,
una cosa amara e dolcissima
che traligna verso la morte.
Sai, una donna decomposta,
come sono io,
un uomo decomposto,
com'eri tu,
non potevano che trasmigrare
in due figure di sogno,
un grande pinocchio
e una fatina petulante e misera che,
come Coppelia, vanno a vedersi
dall'alto di un loggione
di cartapesta.

Idealmente, io e te, abbiamo portato
un cappello a sonagli
per tutta la vita.

A Manganelli

A te, Giorgio,
noto istrione della parola,
mio oscuro disegno,
mio invincibile amore,
sono sfuggita, tuo malgrado,
eppure mi hai ingabbiato
nella salsedine
della tua lingua.
Tu, primissimo amore mio,
hai avuto pudore
del mio atroce destino,
tu mi hai preso un giorno
sull'erba, al calore del sole,
la perla della mia giovinezza.
Com'era bello, amore,
sentirti spergiuro.
E tu che non volevi.
Tu, per cui ero
la sofferta Beatrice delle ombre.
Ma non eri tu ad avermi,
era la psicanalisi.
E in fondo, Giorgio,
ho sempre patito
quel che ti ho fatto patire.

Lebbrosario

E questo libro te lo raccomando,
amico Manganelli, ché tu legga,
dentro le sproporzioni dell'amore,
un canto alla palude.
Io ho cercato qualche fiore,
lo sai, nel mio sistema di canto,
qualche insipida corolla
buona a volere qualche figlio mio.
Mi ubriaco di vino maledetto,
scavo di pietra nella fantasia,
mi fingo ora mare ora collina,
e intanto mi abbandono sulle strade
che portano dirette al lazzaretto.

XII.

Da Titano amori intorno

(1993)

Da Titano non ebbi niente

Da Titano non ebbi niente,
assolutamente niente.
Soltanto mi confortava,
con la sua presenza nel letto,
calda
giacente
enorme.
Ero sicura:
se il portinaio mi avesse molestata,
Titano sarebbe insorto
come un gigante.
Ma ero anche sicura:
Titano non lo avrebbe fatto
per compiacere me,
ma soltanto
per compiacere se stesso,
per provare che
era piú potente del portinaio.
Queste cose io le ho sempre sapute.

Amore, getta la lenza

Amore, getta la lenza
nel cuore degli anni profondi,
dove c'è stagno di sogni
e vento di bramosia.
Nella cornice del volto,
in queste rughe che ho dentro,
tu troverai mille arpe
per delle corde gitane.
La folla che zingaresca danza
intorno ai miei libri
non sa che sapido sangue
scorre nelle Chimere
e lí dove cadde l'Audace
fiorirono mille destini:
un erpice di amore
che miete vittime ancora.

La sottoveste

Lungamente interrogata e stretta
da vincoli tremendi
se avessi avuto un futuro di pace
o un futuro di guerra.
Mi lasciai scivolare la sottoveste
da entrambe le spalle.
Per la verità le trovarono lisce
come quelle di una bambina.
Ma trovarono torpido il mio cervello
che aveva amato.
Videro i fiori della mia carne
e dissero che ero incorrotta.
Ma quel cencio strappatomi via
da tante e tante ferite
se lo contesero in molti.
La mia nudità fu la mia vergogna,
per tutta la vita,
e mi scomparve Orfeo per sempre.

Non voglio dimenticarti, amore

Non voglio dimenticarti, amore,
né accendere altre poesie:
ecco, lucciola arguta, dal risguardo dolce,
la poesia ti domanda
e bastava una inutile carezza
a capovolgere il mondo.
La strega segreta che ci ha guardato
ha carpito la nudità del terrore,
quella che prende tutti gli amanti
raccolti dentro un'ascia di ricordi.

C'era in quel suo volto stanco

C'era in quel suo volto stanco,
scavato dalla nevrosi,
anche qualche cosa di leggero,
di magico,
di assente.
Mi ricordava il cielo,
il mare.
Titano non era niente di tutto questo.
Era una roccia,
ma soprattutto era una roccia spenta.
Una di quelle rocce fatte di tufo
che si sgretolano facilmente,
che cadono giú in mille pietre.
Le sue lacrime erano pietre.
Io mi ricordo che una sera,
mentre stavamo qui,
si vedeva E.T.
Titano, a un certo punto,
si prese la faccia tra le mani
e cominciò a piangere come un bambino
e disse una cosa molto semplice:
«Ogni uomo ha bisogno di amore».
La teoria di Titano è questa.
La teoria forse no,
ma il disfacimento dell'amore,
il rifiuto dell'amore.
Questo gesto cosí alto,
cosí negativo,

vuole proprio buttare via
la cosa piú elementare della vita:
il senso del bene.
Ma io credo che Titano
sia completamente coperto
da questa coltre magica
che è l'amore.
Ogni persona è coperta dalla fede,
ogni persona è coperta
dalla sua personale magia
e ogni persona emana magia.
Questo scambio di magie,
questo scambio di linguaggio
tra noi e il paradiso,
questo continuo dialogare
bestemmiare
ritorcere
animare
spegnere.
Questo nostro continuo
dar morte e vita,
vita e morte,
si sentiva cosí bene nell'alito di Titano.
Era un detrattore,
un accusatore.
Ed era anche colui che assolve il peccato.
Non si capiva,
ma c'era una sorta di sacerdozio
nella sua anima.
Era il difensore dei poveri.
Lui diceva di essere tale,
diceva che avrebbe sempre
difeso i poveri
e i derelitti.
Ma intanto rubacchiava,
intanto non sapeva fare a meno
di percuotermi moralmente,
di offendermi.
E, per coprire il suo amore,

Titano non diceva altro che:
«Ma lei è vecchia rispetto alla mia età».
Mi ricordo che questa parola
mi faceva male.
Ma mi faceva anche bene.
Perché questo lo avevo dato per scontato.
Soltanto che Titano voleva farmi capire
che era stato lui a fare questa scoperta
e non io.
Ma io avevo scoperto da tanti anni
che ero vecchia,
che avevo rifiutato la vita,
come Titano.
Questa nostra intesa,
questa nostra somiglianza
faceva sí che in fondo ci cercassimo
perché quando eravamo insieme,
a un certo punto,
uno bestemmiava l'altro,
uno con l'altro
bestemmiavamo la vita.
La vita era stata cattiva
con tutti e due.
La vita ci aveva defraudato.
La vita ci aveva vilipeso.
La vita ci aveva assolto.
Ma soltanto a una condizione:
alla condizione della galera.

XIII.

Da *Ballate non pagate*

(1995)

ad Antonello S.

Tu che passi fischiando
lungo i tuoi rivi di vita assente,
giovane adolescente gagliardo
che guardi l'erba e la falce
con divina sapienza, ascolta:
chinato sulla terra
è forse il fiore della tua rivolta,
la rosa che disfatta
geme l'apoteosi
della maturità di donna, e tu la vedi
dissepolta tra i numi delle zolle
e non osi toccarla ché sarà,
dici a te stesso, infame.
Se forse a un certo gravido momento
questa rosa disfatta sulla terra
sorriderà al tuo piede che cammina,
adolescente, impara:
non sono soltanto verginali
a volte le fanciulle,
che anche i vecchi
han palpiti d'amore,
di amore chiuso dalle rimembranze.

a Michele P.

Dolcissimo poeta
nato dopo la morte,
mio figlio sconsolato
ormai vecchio e sepolto
che gemi da morire
per lo stupro volgare,
ascolta:
con il silenziatore
mi hanno ucciso di fame
e poi di azzurra sete
di cose di infinito,
mi han messa a germogliare
in un vaso di seppie.

a Michele P.

C'era una goccia nuda
appesa al pavimento
come una macchia vuota
nel tuo discernimento,
che vangava la terra
com'ala di orizzonte
densa di millepiedi...

C'era la tua sostanza
pacifica e lontana
che sognava le navi
lanciate al tuo destino,
e una corona nuova
scambiata per rosario
che ti pendeva al labbro
come una croce rossa.

Da Il Gobbo

Un tempo mi passava accanto un vecchio,
ero giovane assai, piena d'attesa,
e vedevo i miei libri alla Rizzoli.
Ora il vecchio non passa, solo vecchie
del Naviglio comprese nel mistero
di stanche solitudini forzate.
Il vecchio non riposa sulla zolla
del mio brutto pensiero, vecchia io pure
penso a distanze bianche e invereconde
che io non ho battuto, ad atmosfere
di canto che ridondano amicizia...
Perduta ormai la via della speranza,
vengo a cantare in mezzo a dei dementi
sospinta da un illogico destino.

Combattuta fra te e la poesia,
tu non puoi togliermi questa dimensione di luce
né abbattere il cordoglio della fede
perduta, questa fede cosí grande
e trasparente come quercia
che pare a me un bell'albero infinito,
e la luce dirompe dalle vene
nel segreto magnetico del carme.
Combattuta tra te e la mia agonia,
ora fugge l'amore: è canto pieno...
nato da vita che ben mi assicura
molta pietà del mio povero corpo.

Tu che ti accendevi di luce,
che mi toglievi dal male
con il tormento del tuo amore segreto,
cosa puoi dire adesso?

Tormentosa è la sorte dei poeti,
chiara e sicura come l'usignolo
la falce della morte che spargeva
la sua polvere d'oro
sopra il misfatto delle mie parole.
Il vero delitto sta nella demenza
del cosmo, sta nel pianto tutto:
è un movimento preciso
di chi soffre d'amore
per un traditore che muore.

Era, Titano,
simile al giorno e alla notte
e alle domande inutili
del nostro destino.
Aveva paura di tutto,
del fuoco, del ferro e delle misure
di avena.
Era, Titano,
un lido asciutto e un mosto
facile da pigiare,
facile da lasciare,
ma soprattutto era una calda vena
di menzogna.
Ti potevi trovare poeta
soltanto tra le sue donne
e io ero ruvida come il suo dire,
dolcissima nel mio pensiero,
ruvida di panni e chimere.
Ma il negriero ossuto della vecchia capanna
e la schiavitú di luoghi lontani
mi avevano circondata di acqua
sorda come paura.

Tornai allora a quella neve chiara
che arrossava i miei guanti nella notte,
quando da sola e per ben corta via
venivo a rintracciare la speranza.

Non volevo i tuoi carmi, non volevo
chiedere ad altri dov'io fossi nata
ma perché la disgrazia cosí bieca
si trastullasse con le mie povere forze.
Entrambi divorati dal pudore
ci trattenemmo fermi per tre anni
pieni di sgominevoli peccati
e non fummo nemmeno grandi santi
né grandi peccatori longobardi:
fu una guerra politica e sociale,
una guerra di orrore dei confini,
una guerra piegata dalla fame.

Dal mio poggiolo
che è sempre in festa
a volte traggo la luna dei canti.
È lamentevole la luna mia,
eppure è giusto che nelle note di giubilo
di questo continuo colorar la pena
ci sia un anfitrione del pianto
che mi invita a banchetti e sponsali
e preme i confetti contro le mie dita.

Vorrei mangiare di queste nozze,
tingere e ritingere il manto
della mia tanta paura:
se mi abbattesse lungo il solco di vita,
se mi mettesse la sua pelle sopra lo spazio
so che morirei ragazza,
mentre sono vecchia e inutilmente vecchia.

Grazie per questa parentesi morta,
per questo incunabolo puro,
per questo zefiro di oleandro!

A volte i morti sono una storia cupa,
a volte si scoprono dopo,
quando scostando tendine di spazio
si trovano innumerevoli e sorti,
ed è sgradevole dire a un passante
«costui non è piú sulla terra
perché era ebbro di baci».

a Giorgio M.

Rattratta contro un muro,
un giorno una povera vecchia
mi ha svelato il mistero della vita.
Se tu sapessi come è pallido il canto
dei grandi poeti!
Vanno e vengono confusi nel tutto
e latrano invano...
Somigliano a una muta di cani
alla periferia della terra
dove siringhe e odori
sconfiggono il male oscuro
e cadono ai piedi del mondo
come eroi prigionieri.

Ogni parola
è un gallo che canta all'alba.
Al mattino vedo il tuo volto
teso a strapiombo sulla mia grandezza.
Sei venuto meno alla luna
lo so, un giorno...
poi sei andato a casa di corsa,
ti sei tolto la giacca
e hai messo il fustagno di un turpe pagliaccio.
Allora con una mollica qualunque
la forza di un panettiere
ti ha messo un cono da Pinocchio,
perché cosí tu sei stato per me,
Manganelli.

Lo spirito adesso si adagia quieto
ed è solamente abbattuto.
Annoto su un taccuino assente
che l'avvenire non è piú sicuro:
c'eri tu che vigilavi al confine
del mio salto in lungo
e io stavo in palestra.

O mio grande amatore preso dal sonno,
ancora una volta è stata provata una cosa:
che i poeti sono uguali a tutti,
cadono come gli altri in un bicchiere
confusi con un anello sponsale
e diventano amari, veleno per tutti i fiori.

O miei grandi compagni
confusi in un intreccio senza addio,
dal piú misero al piú buono
tutti avete cantato alla luna
pensando di me che ero sola.

A Dino Campana

Ritorna, che cantar canzone di voto
dentro l'acqua del Naviglio io voglio
perché tu sia riesumato dal vento.

Ritorna a splendere selvaggio
e giusto ed equo come una campana,
riscuoti questa mente innamorata
dal suo dolore, seme della gioia,
mia apertura di vento e mio devoto
ragazzo
che amasti la maestra poesia.

Era il sei di gennaio maledetto
quando fugando le mie vecchie pietre
me ne andai solitaria per la via
in cerca di un raccolto levigato.

Sono una donna dalle cieche braccia
che si regge rapita nella salma
di te beato che mi canti in piena,
e pensando di te che sei partito
oltre e non oltre dentro il sentimento
mi sembri un grande alone di coraggio,
idolo fresco della giovinezza.

Non sparire nell'azzurro,
ho visto un giorno la tua salma appesa
ferma nel vuoto, pareva che cantasse,
e poi ancora due denti vespertini
rossi di volpe, che avevano preso
di te tutto il conforto della Chiesa.

Non vangare negli orizzonti,
a volte ci son chiuse, poi maremme...
e tu ti nascondevi dentro gli auspici
della demenza, sai, che era un vibrare
dentro le corde del tuo Creatore.

Hai lasciato una lira nel tuo scambio
di asceta, questa lira polverosa
che non ha conio in terra straniera,
che si muta soltanto in Paradiso.

Lamento per la morte di Paolo Volponi

Chiedimi qualche cosa che mi inganni,
la certezza che tu non sei mancato
agli eventi felici della terra,
o divo illustre che mi rinnovavi
e stringendomi forte nelle spalle
mi salvavi dal dubbio e dal veleno
di una vita che piano si disperde.
Se tu sapessi come ti ricordo
bianco nel bianco velo dei capelli,
e di Roberto tu chiedevi il conto,
il saldo piú preciso, una manciata
di parole che io non ti dovevo.
La notte in cui io feci il frontespizio
di un nuovo libro pieno di abbandono,
una celebrazione di foreste
dove cadono gli ultimi, i piú buoni,
come una rupe sacra agli indovini,
tu servivi la plebe, che bastarda
ti offriva piana l'ultima parola.
Non pronunciare la parola amore:
qui sulla terra è un gergo che si spregia.
Ora saluta l'odio e la fortuna,
la mercenaria dalla lunga faccia,
quella che allaccia trepide collane
e rivolta quel sangue maledetto.
Ora tuo figlio siede sopra un trono
come pane glorioso della terra:
non potevi cibarti di quel pane
se non andando nelle bianche zolle
ove abita il cielo con la morte.

XIV.

Da *La volpe e il sipario*

(1997)

Quattro stanze per Roberto Volponi

...grave quell'ora che a te mi conduce,
e mi sento un aperto solleone
che abbia bruciato con fragore
gonfie orde di grano...

I.

Sul tuo volto vorrei tessere
amore finemente:
una gualdrappa per le molte guerre,
quelle di amore che tu non mi hai fatto,
o tiratore d'arco, piú veloce del canto.

II.

Mentre cerco vita nel tuo volto,
dolcissimo Roberto che mi cadi
pesantemente tra le molte braccia,
io sono Diana, forsennata caccia
che trova dentro i rivoli del sogno
grandi cerbiatti dagli occhi di rima.

III.

Carezzami o luna fortemente
appesa dentro l'inguine del sole.
Tu che molesti in me l'ultima stella
del divino Roberto che mi cade
frantumandosi all'alba tra le braccia.

IV.

Sono folle d'amore per la sera
quando cade la luna dolcemente
sui miei trascorsi;
in limpide mannelle lego
le mie parole nello spazio
per farti dono della mia poesia;
quando la luce che trionfa nella sera,
addormentata a notte le fanciulle
piene di canto e gravide di sale;
ed esse scendono giú fino alla ripa
del firmamento e sono bozzoli d'aria
che cantano al vento le carole vane...

Ascolta, il passo breve delle cose
– assai piú breve delle tue finestre –
quel respiro che esce dal tuo sguardo
chiama un nome immediato: la tua donna.
È fatta di ombra e ciclamini,
ti chiede il tuo mistero
e tu non lo sai dare.
Con le mani
sfiori profili di una lunga serie di segni
che si chiamano rime.
Sotto, credi,
c'è presenza vera di foglie;
un incredibile cammino
che diventa una meta di coraggio.

Sono venuta a te con il velo della mia carne
pusillanime fino alla croce
e ho stampato dentro i tuoi flutti
la processione delle mie barche:
è un porto la mente dove il coraggio s'affloscia
di fronte al sogghigno e dopo
la barriera è cosí incerta di tale destino
che le maghe, i foschi gineprai del mio tutto,
«i canti di Maldoror»,
e la tua angelica forma,
fanno tutt'uno dentro il germe dell'arte:
ma a noi questo è segreto.

Un prato senza vita è la notte,
un prato che non dà sofferenza,
soffuso di canti e di stelle e di intimi abbandoni.
La notte è quel piacere distante
che fa vibrare il sonno pacifico delle alghe,
che addormenta il nostro impulso vitale di morte.
La notte è sofferenza estrema
se tu non sei qui a mettere i semi
della eterna adolescenza
nel mio incantesimo,
nel mio corpo disfatto.
Sono assetata del primo sangue
della rima sofferta,
verginità di lettere di amore
e di mostruosi impatti col demonio
perché sono viva con gli angeli
e con gli angeli ho voglia
di ritrovare le terra, di toccarla,
di sentirla mia ed evangelica.
Sono la carne stessa che chiede la sua disfatta
dopo un cominciamento di amore,
dopo una sofferenza estrema,
dopo il canto dell'angelo;
la carne che trova il suo principio,
lo esalta fin dentro il livore dell'inverno
perché il tuo amore è l'inverno estremo della paura
ma anche il tempo della domanda infinita,
del salto, del rancore aperto.

Mi sento, amore, inseguita da tutti
come se queste persone, queste bocche
volessero mangiare la mia carne
che soffre spasimi di amore e di attesa.
Tutto ciò che è entrato a far parte della mia faccia,
tutto ciò che è salito sul mio lungo aspetto di donna
cosí circolare, cosí demoniaco, cosí bianco,
ripete nel tuo volto il vagito
di questa scrittura
ora inferma e ora piena di salute,
di quella salute che, paga di se stessa e felice,
vuole finalmente morire nel tuo ricordo.

La carne e il sospiro

Io sono la tua carne,
la carne eletta del tuo spirito.
Non potrai mai visitarmi nel giorno
prima che il puro lavacro del sogno
mi abbia incenerita
per restituirmi a te in pagine di poesia,
in sospiri di lunga attesa.
Temo per il mio dolore,
come se la tua dolcezza
potesse farlo morire
e privarmi cosí di quel paesaggio misterioso
che sono i ricordi.
Sono piena di riti
e della logica dei ricordi
che viene dopo, quando si affaccia alla mia vita
il rendiconto della verità giornaliera,
il sogno affogato nell'acqua.
Sono misteriosa come tutti,
ogni mio movimento è un miracolo
e tu lo sai,
ma il grande passo
che io possa fare è quello di venire da te
(un viaggio infinito senza ristoro,
forse un viaggio che mi porterebbe a morire
perché io sono il canto e la lunga strada).
Il canto muore, va a morire
nelle viscere della terra
perché io sono la misura

del tuo grande spettacolo di uomo;
sono lo spettatore vivo
delle tue rimembranze ma anche l'insetto,
l'animale che sogna e che divora.
Prima della poesia viene la pace,
un lago sempiterno e pieno
sopra il quale non passa nulla,
neanche un veliero;
prima della poesia viene la morte,
qualche cosa che balza e rimbalza
sopra le acque; il lungo cammino
di una folla di genio e di malizia
che porta lontano,
ma io e te siamo soli
come se fossimo stati creati
primi e per la prima volta;
io e te siamo riemersi dal fango della folla
e giornalmente tentiamo di rimanere soli
in questa risma di carte
che è il grande spettacolo dei vivi.
Io e te siamo esangui,
senza voglia di finire questo incantesimo.
Incolori e indomiti, siamo soli
nel limbo del nostro piacere
perché io e te
siamo pieni di amore carnale,
io e te.

L'ora più solare per me
quella che più mi prende il corpo
quella che più mi prende la mente
quella che più mi perdona
è quando tu mi parli.
Sciarade infinite,
infiniti enigmi,
una così devastante arsura,
un tremito da far paura
che mi abita il cuore.
Rumore di pelle sul pavimento
come se cadessi sfinita:
da me si diparte la vita
e d'un bianchissimo armento io
pastora senza giudizio
di te amor mio mi prendo il vizio.
Vizio che prende un bambino
vizio che prende l'adolescente
quando l'amore è furente
quando l'amore è divino.

Adesso sono una pioggia spenta
dopo che l'orma del tuo cammino
si è fermata ai miei occhi.
Che ciglio devastante il tuo!
Come mi penetri le ossa!
Se piangessi, tu verresti a riprendermi.
Ma io ho bisogno del mio dolore
per poterti capire.

Potresti anche telefonarmi
e dirmi in un soffio di vita
che hai bisogno del mio racconto:
favole di una bimba che legge i sospiri,
favole di una donna che vuole amare,
una donna che cerca un prete
per avere l'estrema unzione.

Che insostenibile chiaroscuro,
mutevole concetto di ogni giorno,
parola d'ordine che dice: non vengo
e ti lascio morire poco a poco.

Perché questa lentezza del caos?
Perché il verbo non mi avvicina?
Perché non mangio i frammenti di ieri
come se fosse un futuro d'amore?

La mia poesia è alacre come il fuoco,
trascorre tra le mie dita come un rosario.
Non prego perché sono un poeta della sventura
che tace, a volte, le doglie di un parto dentro le ore,
sono il poeta che grida e che gioca con le sue grida,
sono il poeta che canta e non trova parole,
sono la paglia arida sopra cui batte il suono,
sono la ninnanànna che fa piangere i figli,
sono la vanagloria che si lascia cadere,
il manto di metallo di una lunga preghiera
del passato cordoglio che non vede la luce.

XV.
Aforismi

Spensierato è colui
che si giudica folle.

La psicanalisi
cerca sempre l'uovo
in un paniere
che si è perduto.

Il genio muore per se stesso
e chiede d'esser sepolto
entro memorie deboli.

A volte Dio
uccide gli amanti
perché non vuole
essere superato
in amore.

Mi sveglio sempre in forma
e mi deformo attraverso gli altri.

Sono piena di bugie
ma Dio
mi costringe
a dire la verità.

La vera misura
dell'uomo
è la pace.

Chi è a corto di bugie non può salvarsi.

Quando la bugia sembra vera
nasce la calunnia.

Dormivo,
e sognavo
che non ero
al mondo.

Ciò che lega
la parola del poeta
è il turgore segreto
del suo potere nascosto.

Il medico mi ha prescritto due Fondi Bacchelli.

Qualche volta
il nostro angelo migliore
depone le uova.

Sono molto
irrequieta
quando mi legano
allo spazio.

Quando ho mangiato bene
mi informo sul destino degli altri.

Non sempre
si riesce
ad essere
eterni.

Il poeta
che vede tutto
viene accusato
di libertà
di pensiero.

Gusto il peccato come fosse
il principio del benessere.

Il paradiso non mi piace
perché verosimilmente non ha ossessioni.

Le libellule
riposano
su un fianco solo.

Se Dio mi assolve
lo fa sempre
per insufficienza
di prove.

Le grandi fatiche
vivono all'interno di grandi riposi.

L'unica radice che ho mi fa male.

Gusto il peccato
come fosse
il principio
del benessere.

La veste
è il fogliame
dell'uomo
che copre
la nudità
del suo respiro.

Ognuno è amico della sua patologia.

Dietro ogni
libertà sospirata
c'è in agguato
una belva.

Sono stanca
di sentirmi
inventare.

Quando brindo alla follia
brindo a me stessa.

Ogni poeta vende i suoi guai migliori.

Il buon seminatore Quasimodo
mi lasciò erede di molti «fogli».

Io amo perché
il mio corpo
è sempre
in evoluzione.

Non mi lascio mai
escludere
dal mio io.

Le voglie erotiche
sono sempre riferite a un palinsesto.

La calunnia
è un vocabolo sdentato
che quando arriva
a destinazione
mette mandibole di ferro.

Ci sono notti
che non
accadono mai.

Non si sa mai
quanto sia lunga
la lingua
degli innamorati.

Indice

Fiore di poesia

I. Da *Poetesse del Novecento* (1951)

II. Da *La presenza di Orfeo* (1953)

III. Da *Paura di Dio* (1955)

VI. *La Terra Santa* (1984)

VII. *Poesie per Charles* (inedite sino al 1991)

VIII. *Per Michele Pierri* (inedite sino al 1991)

IX. *La gazza ladra. Venti ritratti* (inediti sino al 1991)

X. Da *Le satire della Ripa* (1983)

XIV. Da *La volpe e il sipario* (1997)

*Einaudi usa carta certificata PEFC
che garantisce la gestione sostenibile delle risorse forestali*

Stampato per conto della Casa editrice Einaudi
presso ELCOGRAF S.p.A. - Stabilimento di Cles (Tn)

Edizione   C.L. 21944   Anno

33   34   35   36   37   2023   2024   2025

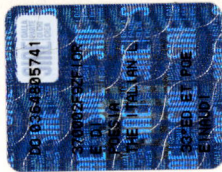